Patchwork

ESPRIT JAPONAIS

Remerciements

Pour les dessins : Thibaut Alavoine, Sébastien Bilbauet, Patrick Chinour
Pour le travail des textes : Benjamin Chinour, Solange Dhari

Pour le quilting à la main : Ginette Buffet, Régine Goumez (*Étoile d'hiver,* p. 54), Annie Joncquières (*Nuages sereins,* p. 102), Monique Lefort (*Ronde de printemps,* p. 84), Nadine Marie (*Soleil couchant,* p. 24), Yvonne Mestre, Michelle Montibus, Nelly Rayneau (*Lune blonde,* p. 30), Jacqueline Tomassini (*Cœur de feu,* p. 18), Isabelle Grosjean (*Envolée d'oiseaux blancs,* p. 36, *Lumières dans la forêt,* p. 114), Arlette Dauptain.

Pour le quilting machine : Simone Struss, Quilting studio, 30, route du Droit, 88250 La Bresse. Tél. : 03 29 25 64 30, (*Sous la lune,* p. 60).

Pour les papiers peints (pages de garde et pages 16-17) : Merci à la maison Zuber pour son aimable autorisation de reproduction des papiers peints, retravaillés ici en bichromie. © Manufacture Zuber et Cie, Rixheim (Picot serpentine).

Magasins à visiter :
Le Rouvray, 3, rue de la Bûcherie, 75005 Paris. Tél. : 01 43 25 00 45
Le Bon Marché, 3, rue Jean-Moulin - BP 39, 91 210 Draveil Cedex. Tél. : 01 69 40 24 43
Kazé, 34, rue François-Miron, 75004 Paris. Tél. : 01 48 04 07 04
Kimonoya, 11, rue du Pont-Louis-Philippe, 75004 Paris. Tél. : 01 48 87 30 24

Direction éditoriale : Valérie Gendreau
Édition : Isabelle Riener
Relecture : Michel Morat
Direction artistique : Anne Bénoliel-Defréville
Conception graphique : Sonia Roy
Mise en pages : Olivier Caldéron
Couverture : Anne Bénoliel-Defréville
Photographies : Fabrice Besse
Stylisme : Sonia Roy
Fabrication : Géraldine Boilley-Hautbois, Louise Martinez
Photogravure : Chromo 2

ISBN : 978-2-299-00036-7
Dépôt légal : octobre 2008

Le Temps Apprivoisé
7, rue des Canettes
75006 Paris

http : //www.letempsapprivoise.fr

Plaisir du fil

Geneviève Chinour

Patchwork

ESPRIT JAPONAIS

LE TEMPS APPRIVOISÉ

Sommaire

Préface

Mais qui est Geneviève Chinour ?

C'est tout d'abord un tourbillon de passions. Son parcours professionnel reflète cet itinéraire composé non pas de tissus mais de différentes tendances liées à sa personnalité. À travers son expérience faite de détours et de « crochets », on notera cependant qu'elle a toujours su retrouver « le fil » ! Dès le début, Geneviève se montre très sportive et s'intéresse aux jeux du stade. Elle participe aux championnats de France de basket, lance le poids, le disque et le javelot. Puis elle prépare le professorat de gymnastique. Par ailleurs élève de l'école de danse Irène Popard, elle finit par y enseigner comme professeur.

Toujours en quête d'expression personnelle, elle s'oriente aussi vers les activités artistiques. À cet effet, elle cumule les stages en tout genre : vannerie, marionnette, poterie, sculpture, peinture sur soie, dessin, peinture… Entrée à la SNCF au service social Jeunesse, elle assure des cours d'éducation physique, forme des moniteurs de colonies de vacances et de centres de plein air. Puis elle devient directrice pédagogique de colonies de vacances.
Retraitée à 55 ans, elle peut enfin penser à ses différentes passions. Elle offre ainsi ses services au centre culturel de la rue Daviel à Paris, et y démarre ses cours de danse et d'éducation physique.

Et puis un jour, découvrant une exposition de patchwork à l'Hôtel de Sens à Paris, elle tombe littéralement amoureuse de cet art. Elle apprend la technique avec une Américaine, Sophie Campbell, et devient son amie.
Toujours prête à partager ses connaissances, elle a créé des clubs, donné des cours dans quelques villes de France, y compris au Rouvray, magasin culte à Paris. Sa pratique du patchwork est intimement liée à sa veine pédagogique et son art résulte d'un long parcours truffé d'expériences variées : sorte de patchwork bariolé à la griffe très personnelle. Geneviève, enfin, est une coloriste qui invente des formes et les traduit souvent en soie et en imprimés japonais : sa récente tocade.
Son patch bouge comme sa personne. Bravo Geneviève, merci pour votre générosité et vos talents.

Diane de Obadia,
directrice du Rouvray

Le matériel

La confection d'un quilt demande peu d'outils spécialisés. Choisissez cependant toujours du matériel de qualité.
Si le patchwork est pour vous un loisir régulier, il vous faudra :

- 1 paire de ciseaux à papier pour découper vos gabarits et 1 paire de ciseaux de couture pour vos tissus ;
- 1 mètre de couturière pour le calcul des métrages de base ;
- 1 règle spéciale patchwork, avec des trames particulières qui permettent la découpe exacte des blocs ;
- du Rhodoïd pour confectionner vos gabarits ;
- 1 plaque de coupe et 1 cutter ;
- des aiguilles (choisissez-les courtes, du n° 8 au n° 12, pour coudre à la main) ;
- des épingles de couturière ;
- du fil à coudre, du fil à quilter, du fil à bâtir ;
- 1 dé à coudre.

Il existe également tout un petit matériel très utile : petit fer à repasser spécial patchwork, enfile-aiguille (petit appareil servant à enfiler très facilement le fil dans l'aiguille), cercles à quilter, cutters rotatifs, planches de découpes tournantes…

Les fils

Choisissez des fils fins mais solides. Les fils 100 % coton sont les plus utilisés.

Les tissus

Le coton est la matière traditionnellement choisie. Mais j'aime utiliser les soies, plus difficiles à travailler ; le travail peut être cependant facilité en collant de la viseline sur l'envers (la viseline est un textile blanc et fin dont une face est adhésive). Je mélange parfois le coton et la soie : la difficulté réside alors dans le lavage. Dans ce cas, je vous recommande le nettoyage à sec.
J'utilise principalement des tissus à fleurs et des faux unis (notamment lorsqu'ils sont ornés de rayures). Mais j'aime particulièrement les tissus japonais aux grandes fleurs et aux oiseaux fabuleux. Un mélange de sérénité et de rêve émane de ces motifs raffinés qui, par extension, caractérise l'état intérieur dans lequel je me trouve pendant la confection d'un ouvrage.
Quand un tissu me plaît, au lieu de me limiter à en acheter 20 ou 50 centimètres, je n'hésite pas à en prendre 1 mètre. J'achète ces tissus sur un coup de cœur et lorsque je commence un ouvrage, je pioche dans les réserves ainsi constituées !

Sophie Campbell – créatrice américaine qui a introduit le patchwork en France – suggérait de ne pas laver nos tissus. Après une expérience malheureuse sur un Compass (modèle de patchwork) rose, je les lave désormais avant de commencer et je rince au vinaigre les tissus qui risquent de déteindre.

Le molleton

Il sert au matelassage du patchwork. On trouve dans le commerce des molletons de différentes matières et en diverses épaisseurs. Selon l'ouvrage, vous pouvez opter pour :

- du molleton synthétique qui s'avère pratique et bon marché ;
- du molleton de coton qui donne un résultat plat, mais qui est plus difficile à quilter.

Il existe aussi des molletons de soie et de laine.
Un détail : plus le molleton est épais, plus le quilt sera chaud.

THIRIEZ
CABLES
6 FILS
30

Introduction

Le Japon est très attaché aux symboles de son empire. Aussi vénérés que les sumos, les « maîtres » du patchwork sont respectés et recherchés pour leurs cours (quelques noms connus : Suzuko Kosetti, Hitomi Hanaoka, Yoneko Maruya, Yoko Saito…).
Le patchwork japonais, si différent des modèles américains, est riche de tradition culturelle et artistique. Le style est simple et épuré, mais du meilleur goût. Le travail est d'une telle rigueur, d'une telle perfection, d'une telle beauté !
Ce pays et son art ont été la source d'inspiration principale des modèles de ce livre. Ces patchworks sont des créations personnelles : j'ai essayé de ne pas copier sur ce que j'avais déjà vu, bien que, dans l'absolu, personne n'invente rien. Dans ce sens, je ne m'inspire pas des modèles japonais proprement dits et relatifs au folklore de cette civilisation. Ces ouvrages inédits sortent de mon imagination et de mon expérience, et, hormis leurs motifs, ils ne s'inscrivent pas dans une tradition japonaise *stricto sensu.*
Ces patchworks résultent d'une rencontre entre des motifs tissés et leur usage au japon, avec mon savoir-faire, mon goût pour la géométrie et mes techniques occidentales.

Les créations du livre

Les modèles présentés ici sont cousus et quiltés « main », sauf le modèle *Sous la lune* page 60, quilté « machine ». Pour l'ensemble de ces ouvrages, les morceaux sont piécés. Les gabarits sont tracés sans coutures : il faut y ajouter 5, 6 ou 7 millimètres.
Tous les ouvrages répondent à une échelle de difficulté : assez facile, assez difficile, difficile, symbolisée par des petits triangles. Ils sont cependant tous réalisables, avec un peu d'habileté et d'attention. La plupart sont constitués de quatre carrés semblables, assemblés d'une façon choisie : en changeant la disposition, les centres peuvent devenir des angles et le dessin devient alors différent (voir *Lumières sur la mer* page 42, où les trois côtés sont identiques et le centre du quatrième morceau devient l'angle extérieur – et ci-dessus).
Vous pourrez également multiplier le nombre de modules (en diminuant par exemple la taille des gabarits) pour obtenir encore une autre composition (voir ci-contre).
Dans certains patchworks, j'ai ajouté quelques appliqués (voir *Cœur de feu* page 18, et *Ronde de printemps* page 84), et un pliage en origami (page 78).

Les modules du quilt Soleil couchant *(page 27), assemblés différemment donneront une tout autre physionomie à l'ouvrage.*

Un même module dupliqué ici 36 fois.

Le choix des couleurs

Les couleurs traditionnellement employées au Japon sont les blancs, les indigos, les sépias, les bruns, les beiges… mais, pour ce livre, j'ai écouté mon inspiration. Chacun est attiré par les couleurs qui reflètent son état d'esprit. Quand vous commencez un patchwork, les couleurs à employer sont déjà dans votre tête. Il n'est pas indispensable d'utiliser de nombreuses couleurs pour obtenir un beau résultat. Un ouvrage monochrome, constitué de pièces d'un seul coloris mais de plusieurs tonalités, est souvent d'un bel effet.

La préparation du travail

On peut être coloriste d'instinct ou avoir appris à le devenir ! Pour ma part, le livre de Johannes Itten (*Art de la couleur,* Dessain et Tolra, 1996) m'a été d'un grand secours. Avec son cercle chromatique en 12 parties, il est difficile de se tromper ; mais le goût de chacun est surprenant, il serait dommage de le contrarier. Associer des tissus, des motifs, des couleurs peut en effet réserver bien des surprises. L'harmonie des couleurs s'obtient en utilisant des couleurs proches les unes des autres sur le cercle chromatique. Il faut savoir placer des teintes froides comme le vert et le bleu en les combinant avec des couleurs chaudes, comme le rouge et l'orange ; plus généralement, savoir utiliser des couleurs complémentaires est un art. L'emplacement des couleurs peut transformer l'équilibre de l'ouvrage. Un bleu placé en bas à gauche d'un ouvrage n'aura pas la même valeur que situé en haut à droite.
En conclusion, je ne contrarie jamais une élève qui est sûre et contente de ce qu'elle fait, même si elle fait des erreurs de coloris.

La réalisation des gabarits

La reproduction

Il faut décalquer les différentes formes sur le Rhodoïd puis découper soigneusement chaque pièce obtenue. Il existe plusieurs méthodes de découpe des gabarits, et ainsi, vous pouvez couper :

1. soit le Rhodoïd coutures comprises ;

2. soit le Rhodoïd sans coutures, en ajoutant 5, 6 ou 7 mm pour les coutures lors de la coupe du tissu.

Quand le dessin à reproduire est trop petit, je fais des tirages (chez les spécialistes de tirages de plans) aux dimensions souhaitées, ou bien j'agrandis à la photocopieuse (attention aux photocopieuses qui peuvent déformer les tracés !). Vous pouvez également utiliser la méthode des petits carreaux pour reproduire un gabarit à l'échelle désirée.

Conseil

Tous les gabarits de ce livre doivent être photocopiés à l'échelle spécifiée pour chaque modèle. Vous pouvez aussi les télécharger gratuitement à taille réelle sur notre site Internet www.letempsapprivoise.fr et les imprimer chez vous.

Pour un travail d'appliqué, le gabarit se pose à l'endroit et sur l'endroit du tissu, de façon à voir le tracé qui va délimiter votre forme à appliquer.

Pour un travail de piécé, le gabarit peut être placé à l'envers sur l'envers du tissu, pour obtenir un côté gauche, par exemple. *A contrario,* il peut être disposé à l'endroit sur l'envers du tissu afin d'obtenir un côté droit. Ainsi, dans ce livre, les gabarits portant une lettre avec une apostrophe (A et A' par exemple) sont identiques, mais à retourner.

La coupe

- Pour un travail « machine », les gabarits se découpent au cutter.
- Pour un travail « main », je pose la feuille de Rhodoïd sur mon dessin, je décalque les tracés, puis je découpe le Rhodoïd à l'aide de ciseaux en suivant avec application le modèle. Ainsi le travail s'emboîte parfaitement.

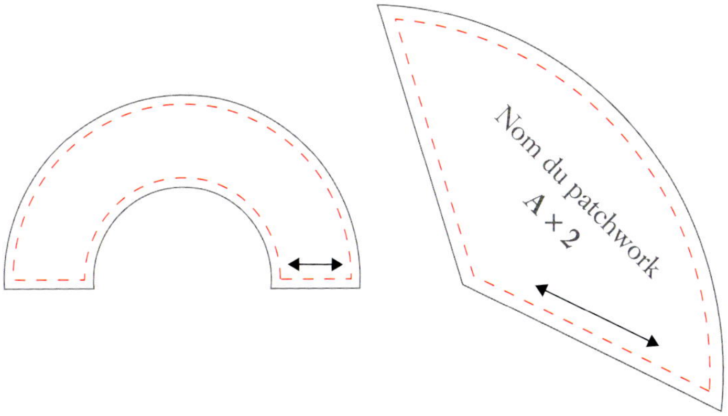

Il est utile de noter plusieurs informations sur les gabarits :
- le nom de l'ouvrage de manière à ne perdre aucune pièce ;
- le sens du droit-fil ;
- le numéro attribué à chaque gabarit ;
- les tracés des repères sur la ligne de couture avant de les couper ;
- le nombre de formes à découper par gabarit.

La découpe des pièces de tissu

Je les découpe au cutter pour un travail machine, mais aux ciseaux pour un travail « main ». Vous pouvez également utiliser un cutter circulaire (rotatif).
Pour éviter toute déformation, il est préférable de découper une pièce de tissu en mettant le plus de côtés possible dans le sens du droit-fil.

Le piécé

Une fois les différentes pièces de tissu découpées, il vous reste à les assembler, ce qui nécessite beaucoup de vigilance et de soin.

Les coutures droites

- Tracez la forme désirée au crayon et découpez en ajoutant 5, 6 ou 7 mm pour les coutures.
- Posez deux morceaux de tissu l'un sur l'autre, endroit contre endroit.
- Sur votre tracé, épinglez aux deux extrémités puis au centre. Plantez votre aiguille dans l'angle et sur la couture de votre pièce.
- Cousez en suivant le tracé, à petits points avant en faisant de temps en temps un point arrière pour consolider l'ouvrage.
- Vérifiez la régularité des points et surtout assurez-vous que la couture soit sur les deux tracés.

À noter : les coutures se s'ouvrent pas : on les couche, sauf pour certains blocs comme le traditionnel Log Cabin où les coutures s'ouvrent.

Les coutures courbes

Ce sont les plus difficiles à assembler et à coudre. Quand vous assemblez des courbes, l'une est concave, l'autre convexe. Crantez avec les ciseaux la partie concave, et, quand vous assemblez ces deux morceaux, placez la partie concave devant vous. Ainsi, le travail est facilité. Épinglez et suivez soigneusement les tracés.

Envers.

Endroit.

Envers.

Endroit.

Pour un cercle

- Sur un cercle de tissu, crantez la partie concave.
- Tracez au crayon des points de raccord pour marquer les deux morceaux (A et B) à coudre.
- Épinglez la pièce A à la pièce B tout d'abord sur les points de raccord (voir le dessin) endroit sur endroit.
- Placez le reste de la courbe et cousez à points serrés en suivant les tracés (endroit et envers) en conservant toujours la partie concave devant vous.

1.

2.

3.

Un travail particulièrement minutieux sur les courbes et les cercles.

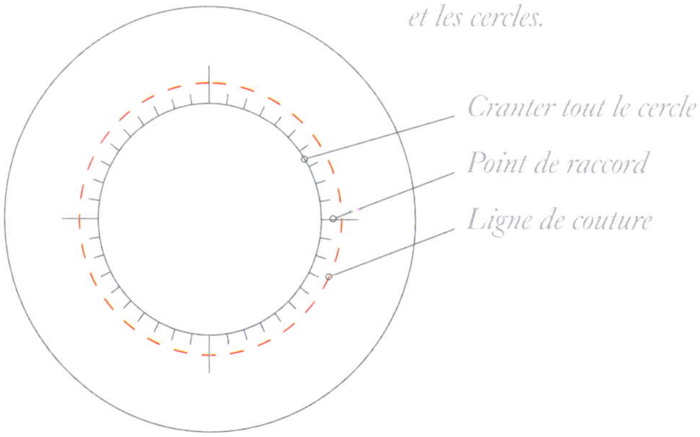

L'appliqué

Les motifs d'appliqué sont souvent inspirés de sujets familiers empruntés à la nature (animaux, fleurs, fruits...). Il existe deux façons de coudre ces motifs : à la main ou bien à la machine. Il faut savoir que coudre à la main est plus lent mais donne un meilleur résultat. Il faut faire un gabarit pour chaque élément.

Il existe plusieurs techniques d'appliqué, mais je ne connais et n'utilise que celle que Sophie Campbell m'a apprise. Je trace sur l'endroit de mon tissu la forme du gabarit, je fais un rentré suivant ce tracé, puis je pose ensuite tous mes gabarits ainsi préparés à leur place sur le fond de l'ouvrage. Je bâtis ensuite l'ensemble.

Reste à effectuer le travail de couture. En partant du haut à droite et en allant vers la gauche, je couds à petits points invisibles cet appliqué sur le fond. Pour cela, je pique l'aiguille légèrement à l'arrière du point précédent. L'ouvrage terminé, j'enlève le bâti et, pour effacer les traces de fil sans écraser l'ensemble, je pose mon fer chaud sous l'ouvrage.

Un remarquable travail d'appliqué (L'Arbre de vie).

L'appliqué d'un cercle

Pour appliquer un cercle sur un « fond » :

1. découpez un cercle dans votre pièce de tissu et bâtissez un rentré de 2 à 3 mm tout autour ;
2. posez la pièce sur le fond et fixez-la par un point de bâti ;
3. **pour les droitières :** cousez de la droite vers la gauche à petits points couchés en posant l'aiguille à l'arrière du dernier point. Commencez ce travail en haut du cercle et non en bas. **Pour les gauchères :** cousez de la droite vers la gauche, et suivez les mêmes étapes que précédemment.

Appliqué d'un cercle.

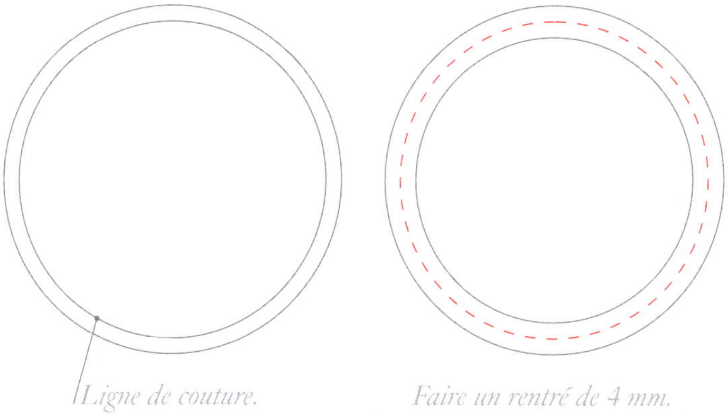

Quelques conseils

Il n'est pas nécessaire de noter au crayon l'emplacement de vos appliqués sur le tissu, si les motifs sont simples.
En revanche, si les appliqués sont nombreux ou compliqués, tracez au crayon le contour des modèles sur le tissu du fond.
De cette façon, il sera plus aisé de placer chaque pièce.

Les bordures

Les bordures permettent de terminer élégamment un ouvrage. En ce qui me concerne, il m'arrive de ne pas mettre de bordures à un ouvrage par crainte de « l'enfermer ». Je le termine alors par un simple rentré. Certains quilts anciens ont de très belles bordures décoratives qui supposent un travail important. Pour de grands ouvrages, cela confère une finition de qualité. Mais pour les patchworks de ce livre, des bordures simples avec un joli matelassage m'ont paru suffisantes.

Les angles des bordures peuvent être différents. Ainsi, vous pouvez couper :

1. soit 4 bandes de la même longueur que l'ouvrage à terminer. Ajoutez alors 4 carrés dans les angles ;

2. soit 4 bandes de la longueur de l'ouvrage + 2 fois la largeur de la bande. Coupez de biais afin d'obtenir des angles en biais.

Le quilting (ou matelassage)

Les Japonaises cousaient jadis traditionnellement plusieurs épaisseurs de tissu ensemble pour obtenir des vêtements épais et chauds ainsi matelassés. Le matelassage est devenu au fil du temps un véritable art décoratif. Il peut s'effectuer à la main ou à la machine. Il permet d'enrichir le patchwork en lui donnant une belle finition. Il s'agit d'assembler trois couches de tissu : le dessus du patchwork (le « top »), le molleton ou la ouatine et la doublure, puis d'effectuer une couture sur différentes parties du patchwork. Ces trois épaisseurs sont épinglées ensemble et assemblées par un simple point avant, sur les coutures des morceaux de tissu ou à 2 mm des coutures, en suivant les motifs du tissu ou en réalisant un dessin.

Cette étape constitue un point déterminant dans la composition de votre ouvrage. Un patchwork très peu quilté est fragile, et le premier lavage va froisser vos tissus. Plus le quilting est important, plus l'ouvrage sera de qualité et pourra « après vous » traverser les siècles. Comme j'utilise très souvent des tissus japonais à grandes fleurs, le quilting traditionnel à 2 mm de la couture ne suffit plus. Le quilting dans les coutures non plus, n'en déplaise aux puristes ! Afin de mettre en valeur des tissus fleuris, je préfère quilter les grandes lignes des fleurs, suivre leurs contours, par exemple, pour leur donner de la profondeur. Il existe aussi le quilting « en écho », qui consiste à répéter le cerné autour du motif à intervalle régulier, ce qui implique de suivre millimètre par millimètre le tour des motifs, mais on l'utilise de préférence dans le boutis ou le « piqué cordé ».

Pour préparer le quilting, j'applique sur un mur la doublure, le molleton et mon « top » sur le dessus. Je fixe les trois couches avec des épingles. Je bâtis ensuite ces trois pièces ensemble en commençant par le centre. Je quilte sans tambour, et si l'ensemble est correctement bâti, il n'y a pas de difficulté particulière.

L'ensemble des pièces de tissus assemblés s'appelle le « top ».

Les finitions

Matelassage main.

Matelassage machine.

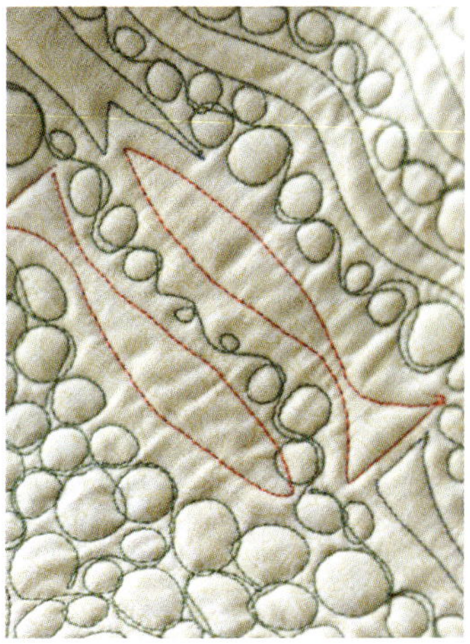

Matelassage machine.

La doublure

Je choisis toujours des tissus s'harmonisant avec l'ensemble de l'ouvrage. Si la doublure est jolie, cela lui donne encore plus d'éclat et de raffinement.

Un très joli tissu à fleurs a été utilisé et donne une remarquable unité de ton à l'ouvrage.

L'entretien des quilts

Je range mes patchworks dans des taies d'oreillers à l'abri de la lumière. J'en prends grand soin, car ils représentent des heures de travail et constituent pour moi des « trésors ». Je les plie sur l'endroit ; de cette façon, ils se froissent moins. Et parfois, je les sors, les aère. Ce sont « mes enfants » ! Ceux que je donne ne m'appartiennent plus, mais j'espère que ceux qui les ont reçus savent en prendre soin.

Entrez dans un univers de formes et de couleurs parfois sages,

souvent audacieuses, toujours raffinées…

Un esprit épuré et zen pour ces patchworks d'inspiration japonaise…

Patchwork, esprit japonais

Cœur de feu

Vers les eaux d'automne

Du cœur du feu si rouge

La fumée s'envole

Nakamura Kusatao
Traduction et adaptation d'Alain Kervern

Les tissus

Pour le quilt (tissus en 120 cm de large)

- 100 cm de tissu à grandes fleurs (A, A')
- 40 cm de tissu faux uni vert (B, B')
- 30 cm de tissu à motifs de rayures (C, C')
- 30 cm de tissu fleuri à fond noir (D, D')
- 30 cm de tissu à rayures fond vert (E, E')
- 20 cm de tissu à petits damiers, tons verts (F, F')
- 30 cm de tissu fleuri vert (G, G')
- 20 cm de tissu faux uni rouge foncé (H, H')
- 20 cm de tissu noir (I, I')

Pour la bordure

- 4 bandes de 8 x 100 cm (+ les coutures) de tissu noir
- 4 bandes de 2 x 90 cm (+ les coutures) de tissu faux uni vert

Pour la doublure

- 110 x 110 cm de tissu imprimé dans les tons verts

Les éléments de base

- Nombre de gabarits à découper par module : 9
- Nombre de pièces de tissu à découper par module : 18
- Nombre total de pièces de tissu à découper : 72

- Dimensions du patchwork sans bordure : 80 x 80 cm
- Dimensions du patchwork avec bordure : 100 x 100 cm

La préparation du travail

La coupe des gabarits

Photocopiez le module de la page 22 à 200 %, et reproduisez puis découpez soigneusement chaque gabarit sur un Rhodoïd.
Vous pouvez également imprimer les gabarits à taille réelle directement et gratuitement à partir de notre site www.letempsapprivoise.fr

La coupe du tissu

Découpez vos pièces de tissu (voir page 22) sur les tracés du gabarit en ajoutant 5, 6 ou 7 mm pour les coutures.

Pour un module

1. Dans le tissu à grandes fleurs, découpez 1 fois A et A'.

2. Dans le tissu faux uni vert, découpez 1 fois B et B'.

3. Dans le tissu à motifs de rayures, découpez 1 fois C et C'.

4. Dans le tissu fleuri à fond noir, découpez 1 fois D et D'.

5. Dans le tissu à rayures fond vert, découpez 1 fois E et E'.

6. Dans le tissu à petits damiers, tons verts, découpez 1 fois F et F'.

7. Dans le tissu fleuri vert, découpez 1 fois G et G'.

8. Dans le tissu faux uni rouge foncé, découpez 1 fois H et H'.

9. Dans le tissu noir, découpez 1 fois I et I'.

Les pièces H sont différentes, l'une est à couper gabarit à l'envers sur l'envers du tissu. L'autre est à poser à l'endroit sur l'envers du tissu afin d'obtenir un côté gauche et un côté droit.

Pour réaliser le quilt entier

Multipliez par quatre le nombre de pièces à découper.

J'ai suivi le sens des fleurs de ce spectaculaire tissu à fleurs en les orientant de diverses façons pour donner un beau rythme à la composition.

Cœur de feu

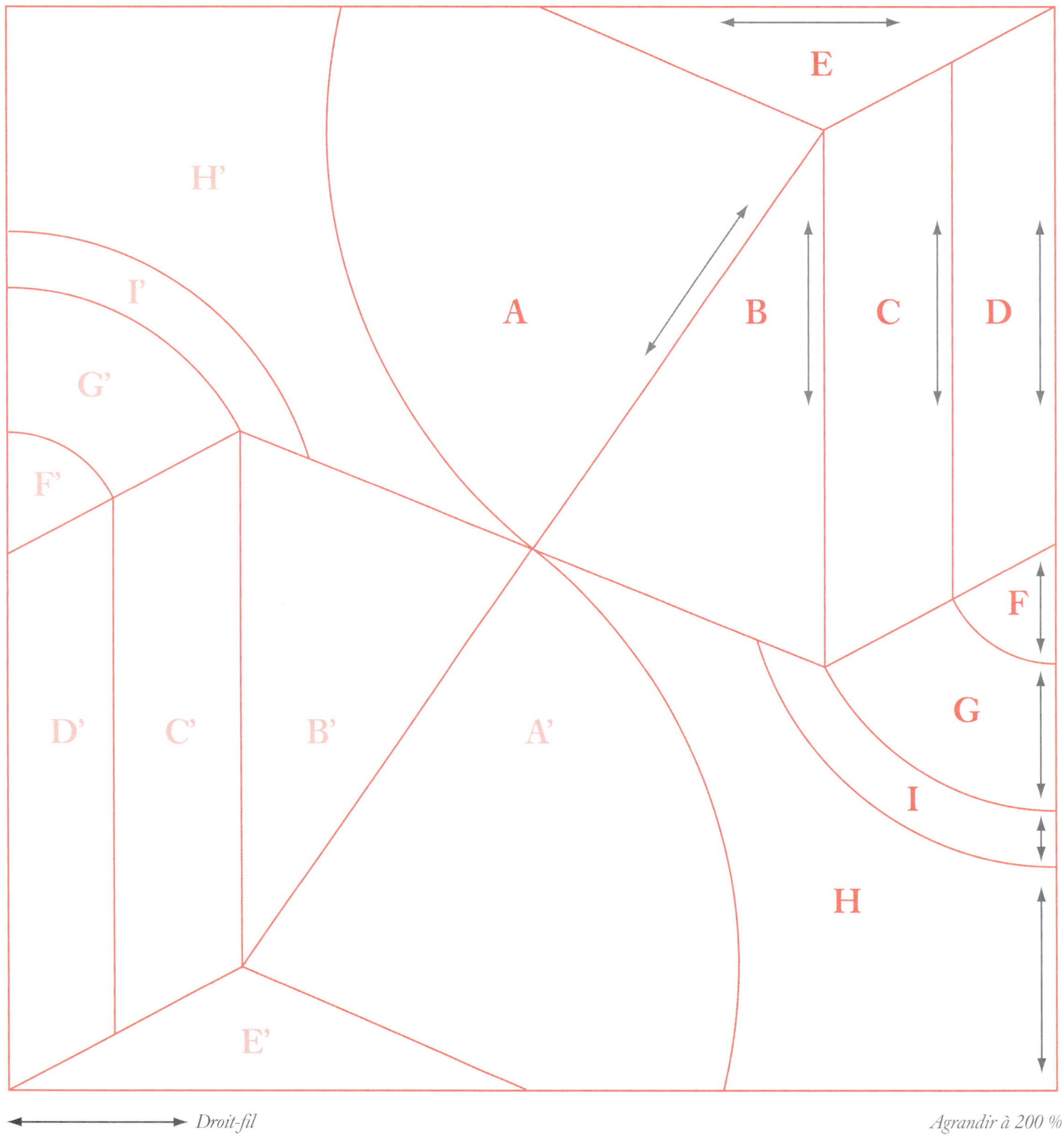

Droit-fil

Agrandir à 200 %

Cœur de feu

L'assemblage des blocs

Pour un module

1. Assemblez G à F, puis C à D et assemblez ces deux morceaux.
2. Cousez B au bloc ainsi réalisé (C-D-G-F), puis assemblez à A. Joignez E à cet ensemble.
3. Refaites le même travail pour l'autre angle du carré et joignez-les ensemble à H et H'. Assemblez H à I et H' à I'.
4. Refaites ce travail trois autres fois et assemblez les quatre modules pour réaliser le patchwork en entier.

Les finitions

La bordure

Découpez les quatre bandes dans le tissu faux uni vert et noir et cousez-les sur le « top » avec les angles en biais. Réalisez le même travail avec les bandes de tissu noir.

Le matelassage

1. Pour la bordure : faites une frise de losanges à double tracé qui s'emboîtent.
2. Pour le quilt : le matelassage est réalisé dans toutes les coutures.
   • Tissu A : suivez les contours des fleurs.
   • Tissu B : quiltez des triangles de plus en plus petits à l'intérieur du bloc.
   • Tissu C : suivez les rayures du tissu.
   • Tissu D : suivez les tiges des fleurs.
   • Tissu F : quiltez à 2 mm des coutures.
   • Tissu G : suivez les motifs du tissu.
   • Tissu H : quiltez en diagonale dans les deux sens.

La finition

Superposez doublure, molleton et « top ». Coupez 5 mm tout autour de la doublure et du molleton, et rabattez le « top » en faisant un rentré de 8 mm.

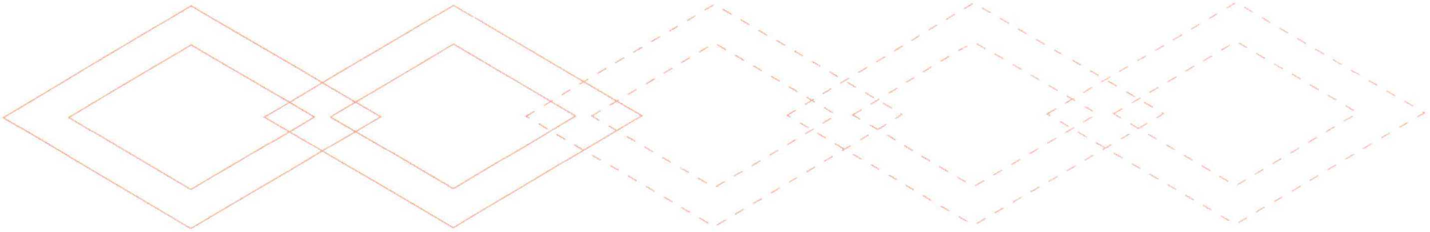

Soleil couchant

L'incendie du couchant
S'envole à la rencontre
De l'immense montagne

Oikawa Tei
Traduction et adaptation d'Alain Kervern

Les tissus

Pour le quilt
(tissus en 120 cm de large)

- 60 cm de tissu à grandes fleurs (A, M, Q et Q')
- 40 cm de tissu à petites feuilles, dans les tons verts (B et B', F et F', J)
- 30 cm de tissu à motifs d'hexagones dans les tons verts (C et C')
- 30 cm de tissu faux uni orange ou rouge vif (D et D', L, O et O')
- 10 cm de tissu imprimé, dans les tons beiges (E et E', K)
- 30 cm de tissu beige (G et G')
- 30 cm de tissu marron à fleurs (H et H')
- 40 cm de tissu faux uni beige moucheté (I, P)
- 40 cm de tissu faux uni vert foncé (N et N')

Pour la bordure

- 4 bandes de 7 x 94 cm (+ les coutures) de tissu faux uni vert foncé

Pour la doublure

- 95 x 95 cm (+ les coutures) de tissu uni vert kaki

Les éléments de base

- Nombre de gabarits à découper par module : 15
- Nombre de pièces de tissu à découper par module : 27
- Nombre total de pièces de tissu à découper : 108

- Dimensions du patchwork sans bordure : 78 x 78 cm
- Dimensions du patchwork avec bordure : 92 x 92 cm

La préparation du travail

La coupe des gabarits

Photocopiez le module de la page 28 à 200 %, et reproduisez puis découpez soigneusement chaque gabarit sur un Rhodoïd.
Vous pouvez également imprimer les gabarits à taille réelle directement et gratuitement à partir de notre site www.letempsapprivoise.fr

Sur le gabarit du module, les lettres avec une apostrophe (A' ou B' par exemple) indiquent un même gabarit, mais à retourner lors de la coupe du tissu pour obtenir, soit un côté gauche, soit un côté droit.

La coupe du tissu

Découpez vos pièces de tissu (voir page 28) sur les tracés du gabarit en ajoutant 5, 6 ou 7 mm pour les coutures.

Pour un module

1. Dans le tissu à grandes fleurs, découpez 1 fois A et 1 fois M, 1 fois Q et Q'.
2. Dans le tissu à petites feuilles tons verts, découpez 1 fois B et B', 1 fois F et F', 1 fois J.
3. Dans le tissu à motifs d'hexagones, découpez 1 fois C et C'.
4. Dans le tissu faux uni orange ou rouge vif, découpez 1 fois D et D', 1 fois L, 1 fois O et O'.
5. Dans le tissu imprimé tons beiges, découpez 1 fois E et E', K.
6. Dans le tissu beige, découpez 1 fois G et G'.
7. Dans le tissu marron à fleurs, découpez 1 fois H et H'.
8. Dans le tissu beige moucheté, découpez 1 fois I et 1 fois P.
9. Dans le tissu faux uni vert foncé, découpez 1 fois N et N'.

Pour réaliser le quilt entier

Multipliez par quatre le nombre de pièces à découper.

Soleil couchant

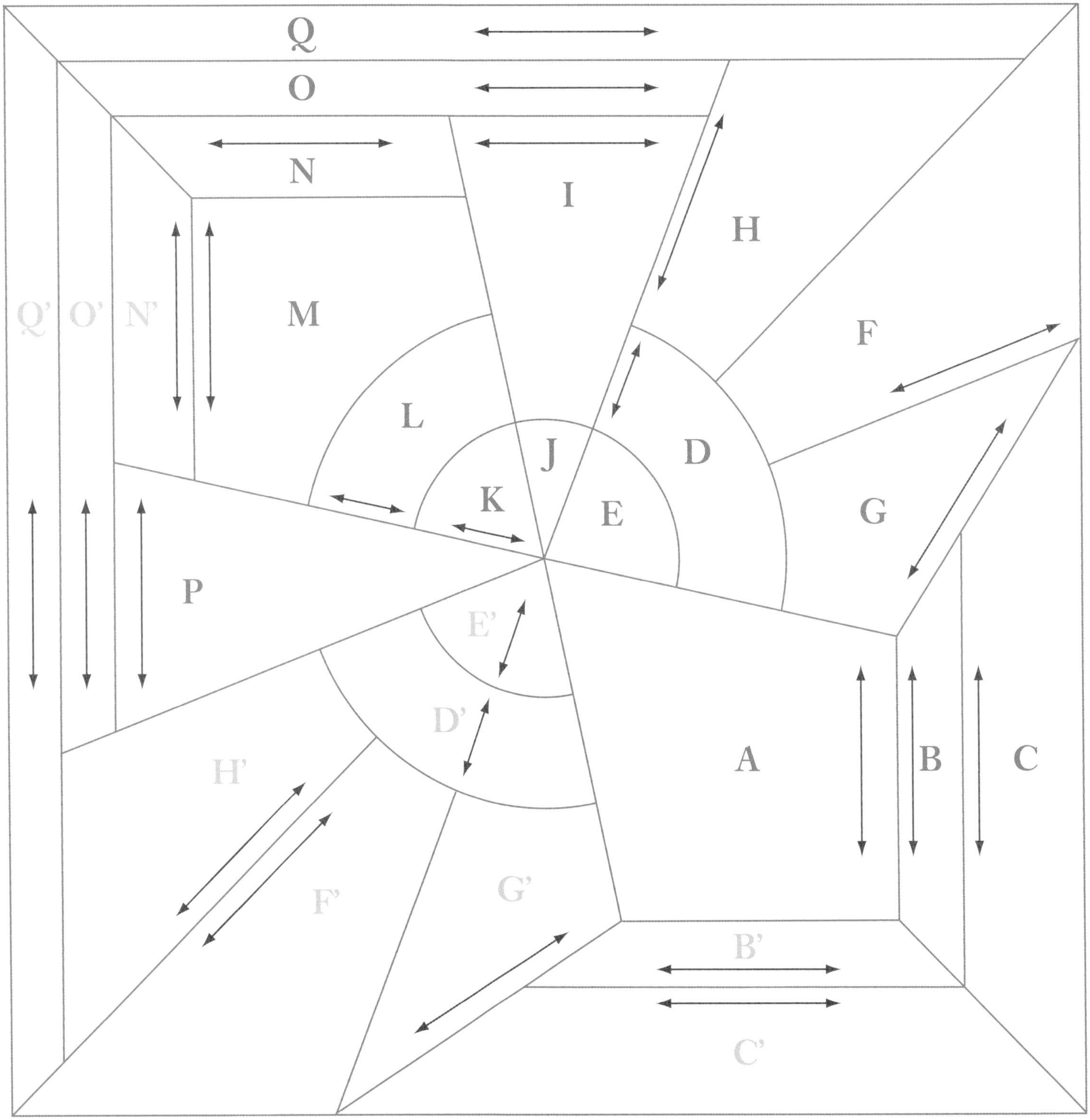

Droit-fil

Agrandir à 200 %

Soleil couchant

L'assemblage des blocs

Pour un module

1. Assemblez A à B-B'puis joignez à C-C'.
2. Assemblez E à D et F à G et H. Joignez les deux morceaux et réalisez le même travail pour le côté gauche. Ajoutez A entre ces deux morceaux.
3. Assemblez I à J.
4. Assemblez K à L et à M et N-N'. Cousez ce bloc de chaque côté de I et J.
5. Ajoutez N-N' à M et ajoutez O-O' puis P.
6. Terminez par P et ajoutez O-O'. Ajoutez encore Q-Q' à O-O'. L'ensemble vous donne un carré.
7. Refaites ce travail trois fois.
8. Assemblez ces carrés par deux puis par quatre pour obtenir le patchwork en entier.

Les finitions

La bordure

Découpez quatre bandes de 7 cm dans le tissu faux uni vert. Cousez les bandes sur le « top » et terminez les angles en biseau.

Le matelassage

1. Pour la bordure : matelassez en réalisant une frise de triangles et de cercles.
2. Pour le quilt :
   • Tissus A-B-C : quiltez dans les coutures.
   • Tissu A : quiltez en suivant le contour des fleurs.
   • Tissus C-H-R-J : ajoutez un quilting à 1,5 cm du bord.

La finition

Coupez 5 mm tout autour de la doublure et du molleton et rabattez le « top » en faisant un rentré de 8 mm. En enlevant 5 mm de doublure et de molleton, l'ourlet sera moins épais en rabattant le « top ».
Cousez ensemble la doublure et le molleton. Rabattez le quilt avec les bordures en faisant un rentré de 8 mm sur la doublure.

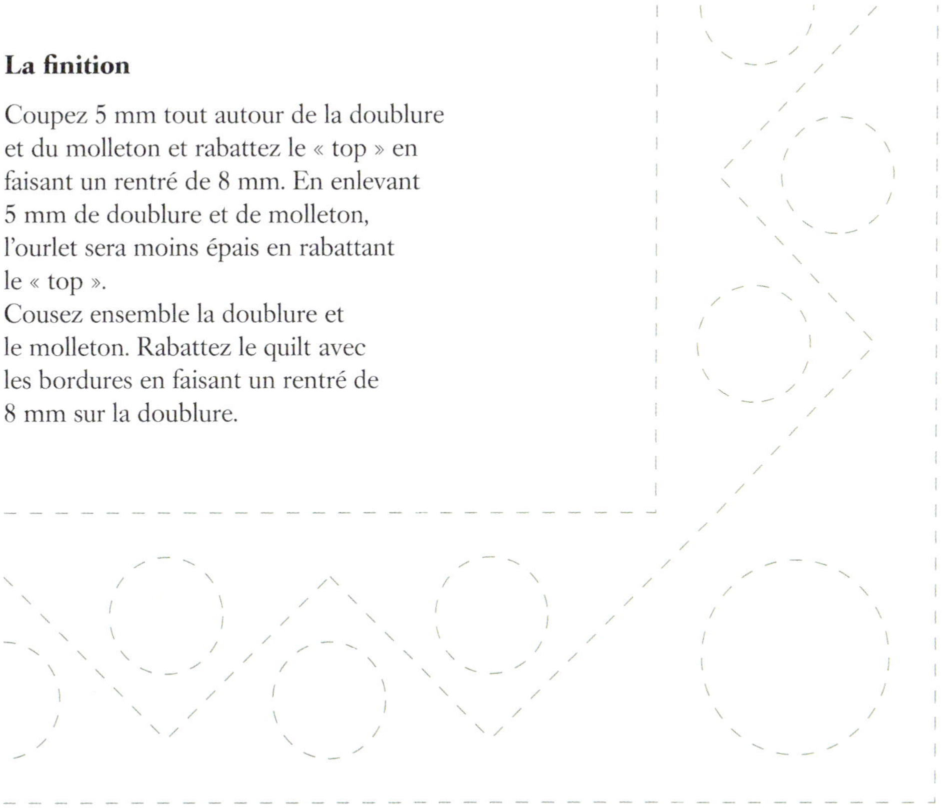

Lune blonde

Lune et soleil

Vent blond des roseaux fleuris

Au long du ciel des chemins

Muzozumi Shoshun
Traduction et adaptation d'Alain Kervern

Les tissus

Pour le quilt (tissus en 120 cm de large)

- 60 cm de tissu à grands motifs rayés colorés (A et A', G et G')
- 20 cm de tissu faux uni bleu foncé (B et B', H)
- Des chutes de tissu bleu et blanc à petites rayures (C)
- 20 cm de tissu orange à petits motifs (D, F et F', J et J')
- 20 cm de tissu faux uni jaune clair (E et E')
- 40 cm de tissu bleu et blanc imprimé (H', C')
- 20 cm de tissu à motifs de frises (I et I')

Pour la bordure

- 4 bandes de 7 x 100 cm (+ les coutures) de tissu faux uni orange
- 4 bandes de 2 x 100 cm (+ les coutures) de tissu faux uni bleu foncé

Pour la doublure

- Un tissu faux uni rouille de 105 x 105 cm (+ les coutures)

Les éléments de base

- Nombre de gabarits à découper par module : 10
- Nombre de pièces de tissu à découper par module : 21
- Nombre total de pièces de tissu à découper : 84

- Dimensions du patchwork sans bordure : 80 x 80 cm
- Dimensions du patchwork avec bordure : 100 x 100 cm

La préparation du travail

Ce motif est l'assemblage de quatre carrés de 40 cm.

La coupe des gabarits

Photocopiez le module de la page 34 à 200 %, et reproduisez puis découpez soigneusement chaque gabarit sur un Rhodoïd.
Vous pouvez également imprimer les gabarits à taille réelle directement et gratuitement à partir de notre site www.letempsapprivoise.fr

Sur le gabarit du module, les lettres avec une apostrophe (A' ou B' par exemple) indiquent un même gabarit, mais à retourner lors de la coupe du tissu pour obtenir, soit un côté gauche, soit un côté droit.

La coupe du tissu

Découpez vos pièces de tissu (voir page 34) sur les tracés du gabarit en ajoutant 5, 6 ou 7 mm pour les coutures.

Conseil
Dans ce modèle, les gabarits A, H et F sont d'un grand format, aussi choisissez de préférence de grands motifs de fleurs.

Pour un module

1. Dans le tissu à grands motifs colorés, découpez 1 fois A et A'.
Dans ce même tissu, à placer en biais, découpez 2 fois G et G'.
2. Dans le tissu faux uni bleu foncé, découpez 1 fois B et B', 1 fois H et les quatre bandes de bordure de 2 x 100 cm.
3. Dans le tissu bleu et blanc à petites rayures, découpez 1 fois C.
4. Dans le tissu bleu et blanc imprimé, découpez 1 fois C' et H'.
5. Dans le tissu orange à petits motifs, découpez 1 fois D, 1 fois J et J', F et F'.
6. Dans le tissu faux uni jaune clair, découpez 1 fois E et E'.
7. Dans le tissu à motifs de frises, découpez 1 fois I et I'.

Attention : C et C' sont découpés dans deux tissus différents.

Pour réaliser le quilt entier

Multipliez par quatre le nombre de pièces à découper.

Un magnifique exemple de l'association de tissus imprimés et de tissus monochromes qui donnent une belle flamboyance à l'ouvrage.

Lune blonde

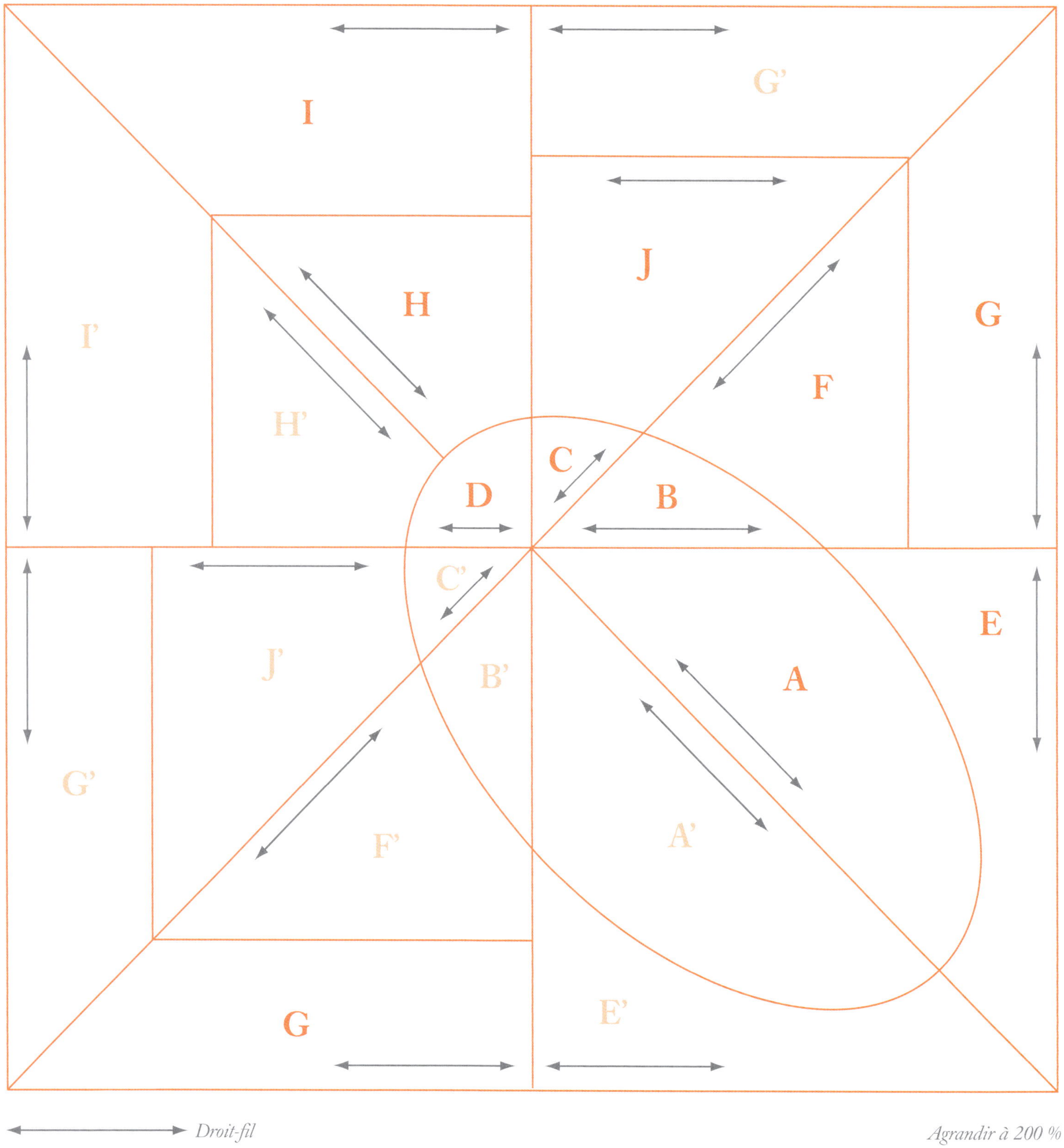
I
G'
J
H
G
I'
F
H'
C
D
B
C'
E
J'
B'
A
G'
A'
F'
G
E'
Droit-fil
Agrandir à 200 %

Lune blonde

L'assemblage des blocs

Pour un module

1. Assemblez E à A puis A à B. Réalisez le même travail pour le côté gauche (E', A', B', C').

2. Assemblez F à G. Réalisez le même travail pour le côté gauche (F', G').

3. Réunissez le bloc réalisé précédemment à ces deux côtés : vous obtenez un triangle.

4. Assemblez J à G' et C. Réalisez le même travail pour le côté gauche.

5. Assemblez H et H' puis ces deux morceaux à I et I'. Ajoutez D.

6. Joignez les trois dernières pièces I-J-G' à H-I et H'-I' à J'-F'. Vous obtenez un autre triangle qui est la moitié du carré. Assemblez ces deux pièces ensemble : vous obtenez un carré.

L'assemblage du quilt

Réalisez trois autres carrés semblables et assemblez-les selon votre choix ou comme il est présenté ici.
Ces assemblages peuvent se faire de différentes façons et le dessin s'en trouve modifié.

Pour réaliser l'étoile en appliqué au centre

Photocopiez les 3 gabarits à 200 %. Découpez les différentes pièces de tissu en utilisant des tissus contrastés et identiques à ceux utilisés dans le patchwork.

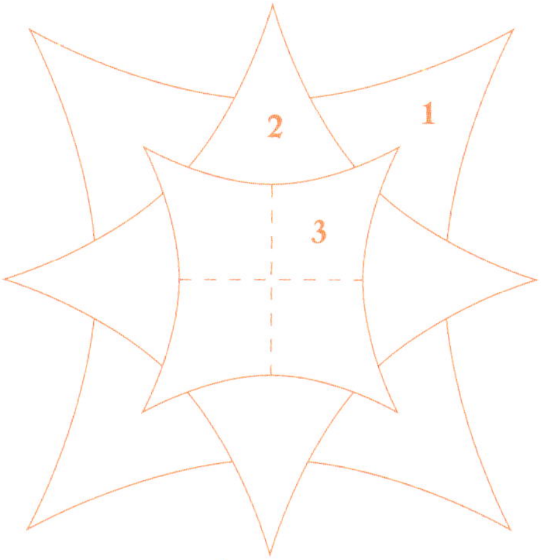

Découpez 4 pièces de chaque gabarit à l'endroit et à l'envers.

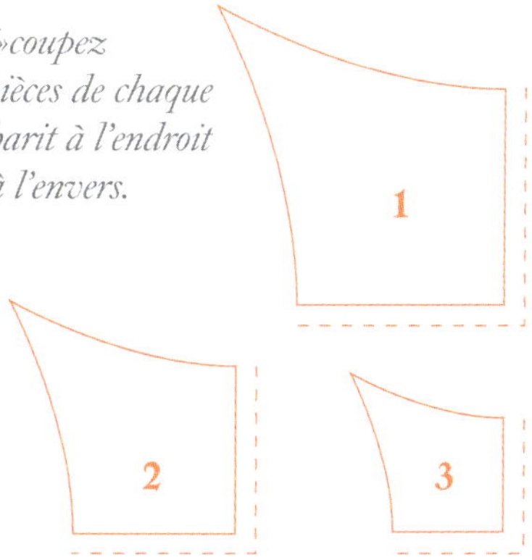

Les finitions

La bordure

Cousez les quatre petites bandes sur le « top » en coupant les angles en biseau. Réalisez le même travail pour la plus grande bordure.

Le matelassage

1. Pour la bordure : réalisez des vagues courant tout le long de la bordure.

2. Pour le quilt : il est réalisé dans toutes les coutures.
• Tissus A, F : suivez le dessin du tissu.
• Tissus B, D : à 1 cm du bord.
• Tissus C, G : suivez les rayures du tissu.
• Tissu E : en écho.

La finition

Enlevez sur les quatre côtés 6 mm de doublure et de molleton. Rabattez le « top » sur l'envers et faites un rentré sur la doublure.

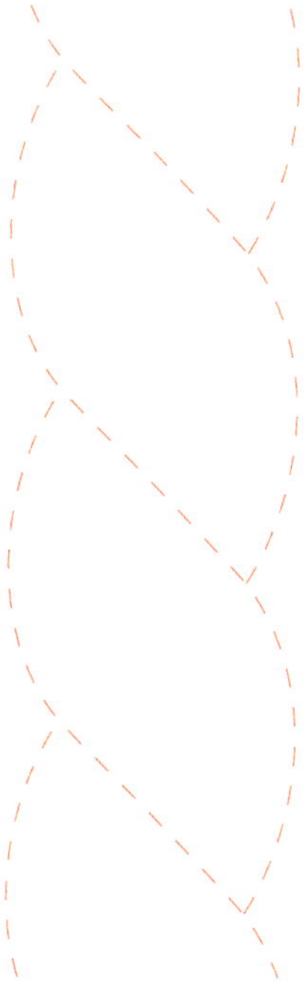

Envolée d'oiseaux blancs

Sérénité

Sur une ligne

Six ou sept grues

Etsujin
Traduction et adaptation d'Alain Kervern

Les tissus

Pour le quilt
(tissus en 120 cm de large)

- 20 cm de tissu rouge à motifs rayés (A, M)
- 10 cm de tissu uni vert clair (B et B')
- 50 cm de tissu rouge avec des motifs d'oiseaux (C et C', F et F', I et I')
- 40 cm de tissu faux uni vert (D et D', E et E', P et P')
- 20 cm de tissu à motifs de feuilles, tons verts (G, J et J', N et N')
- 30 cm de tissu à grandes rayures, tons sombres (H, K et K', Q et Q')
- 20 cm de tissu faux uni violet (L et L')

Pour la bordure

- 4 fois 9 x 98 cm (+ les coutures) de tissu faux uni vert
- 4 fois 2 x 98 cm (+ les coutures) de tissu rouge à motifs dorés

Pour la doublure

- 99 x 99 cm (+ les coutures) de tissu vert

Les éléments de base

- Nombre de gabarits à découper par module : 13
- Nombre de pièces de tissu à découper par module : 31
- Nombre total de pièces de tissu à découper : 124

- Dimensions du patchwork sans bordure : 80 x 80 cm
- Dimensions du patchwork avec bordure : 98 x 98 cm

La préparation du travail

Ce motif est l'assemblage de quatre modules de 40 x 40 cm.

La coupe des gabarits

Photocopiez le module de la page 40 à 200 %, et reproduisez puis découpez soigneusement chaque gabarit sur un Rhodoïd.
Vous pouvez également imprimer les gabarits à taille réelle directement et gratuitement à partir de notre site www.letempsapprivoise.fr

Sur le gabarit du module, les lettres avec une apostrophe (A' ou B' par exemple) indiquent un même gabarit, mais à retourner lors de la coupe du tissu pour obtenir, soit un côté gauche, soit un côté droit.

La coupe du tissu

Découpez vos pièces de tissu (voir page 40) sur les tracés du gabarit en ajoutant 5, 6 ou 7 mm pour les coutures.

Pour un module
(couleurs en partant du centre)

1. Dans le tissu rouge à motifs rayés, découpez 1 fois A et 2 fois M.
2. Dans le tissu uni vert clair, découpez 1 fois B et B'.
3. Dans le tissu rouge à motifs d'oiseaux, découpez 1 fois C et C', F et F', 1 fois I et I'.
4. Dans le tissu faux uni vert, découpez 1 fois D et D', E et E', P et P'.
5. Dans le tissu à motifs de feuilles, tons verts, découpez 1 fois G, 1 fois J et J', 1 fois N et N'.
6. Dans le tissu à grandes rayures, tons sombres, découpez 1 fois H, 1 fois K et K', 1 fois Q et Q'.
7. Dans le tissu faux uni violet, découpez 1 fois L et L'.

Pour réaliser le quilt entier

Multipliez par quatre le nombre de pièces à découper.

Les oiseaux sont très importants dans la symbolique japonnaise. Associés à une composition qui réunit des courbes et des formes droites, ils donnent une impression de sérénité.

Envolée d'oiseaux blancs

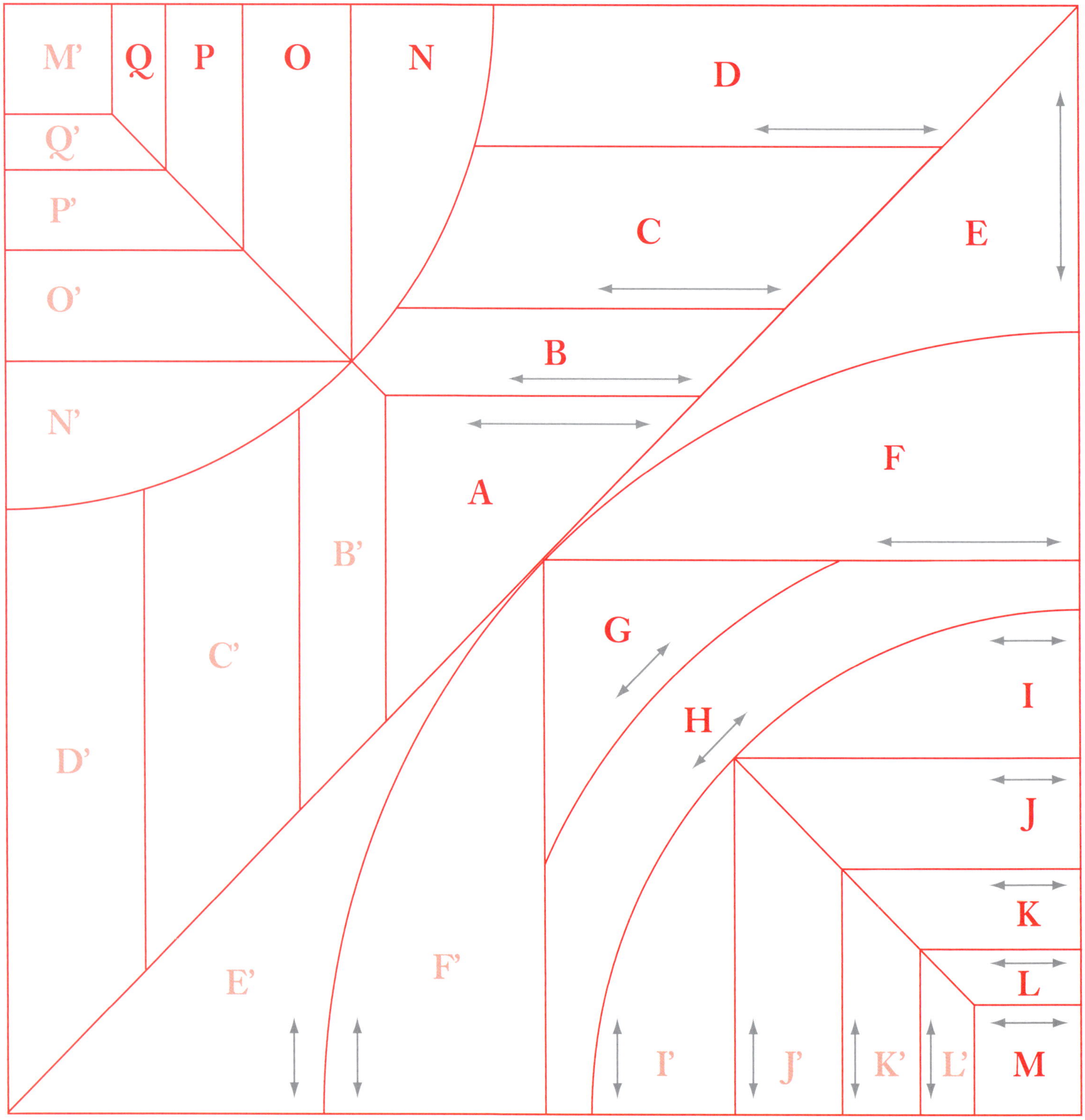

Droit-fil

Agrandir à 200 %

Envolée d'oiseaux blancs

L'assemblage des blocs

Pour un module

1. Assemblez M à L-K-J et I. Refaites le même travail pour le côté gauche (L'-K'-J'-I'). Réunissez les côtés gauche et droit.

2. Ajoutez les gabarits H et G à I-I' sur un seul côté. Vous obtenez alors un carré. Ajoutez encore F et E, et, de l'autre côté, E' et F'. Vous obtenez la moitié du module.

3. Pour l'autre angle : cousez A-B puis C-D. Réalisez le même travail pour le côté gauche. Ce travail terminé, ajoutez I et I' au demi-cercle.

4. Assemblez N à O-P-Q et M', puis N' à O'-P'-Q'. Ajoutez au morceau précédent

5. Assemblez au bloc A-B-C-D.

6. Cousez ensemble les deux triangles.

Les finitions

La bordure

Assemblez la bande de 2 cm à celle de 9 cm et terminez les angles en biseau (voir dessin).

Le matelassage

1. Pour la bordure : quiltez des lignes verticales et en oblique dans les angles.

2. Pour le quilt : dans les coutures, pour toutes les pièces.
• Tissu D : réalisez un seul quilting au milieu de la pièce D.
• Tissu E : quiltez quelques lignes.
• Tissu F : quiltez dans les coutures et suivez l'imprimé du tissu, en particulier le contour des oiseaux.

La finition

Superposez doublure, molleton et « top ». Découpez 5 mm de molleton, et rabattez vers l'intérieur le « top » et la doublure. Cousez à points cachés.

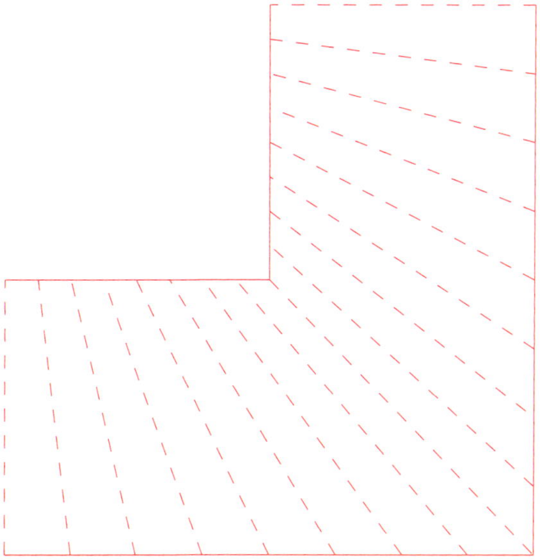

Montage et matelassage de la bande.

Lumières sur la mer

Le soleil du troisième jour

A traversé

Ciel et mer

Mizuhara Shuoshi
Traduction et adaptation d'Alain Kervern

Les tissus

Pour le quilt (tissus en 120 cm de large)

- 120 cm de tissu à grandes fleurs dans les tons de bleu (A, H et H')
- 20 cm de tissu imprimé à fleurs (B et B', F et F', N et N')
- 30 cm de tissu faux uni bleu clair (B1 et B1', F1 et F1', L)
- 40 cm de tissu faux uni saumon (C et C', E et E', I et I')
- Chutes de tissu à rayures beiges (D et D')
- 30 cm de tissu faux uni bleu foncé (G et G', M, O et O')
- 40 cm de tissu à petits motifs orangés (J, K)

Pour la bordure

- 4 bandes de 8 x 89 cm (+ les coutures) de tissu faux uni bleu foncé
- 4 bandes de 2 x 89 cm (+ les coutures) de tissu à grandes fleurs

Pour la doublure

- 90 x 90 cm (+ les coutures) de tissu faux uni saumon

Les éléments de base

- Nombre de gabarits à découper par module : 17
- Nombre de pièces de tissu à découper par module : 29
- Nombre total de pièces de tissu à découper : 116

- Dimensions du patchwork sans bordure : 84 x 84 cm
- Dimensions du patchwork avec bordure : 94 x 94 cm

La préparation du travail

Ce motif est l'assemblage de quatre modules de 42 x 42 cm.

La coupe des gabarits

Photocopiez le module de la page 46 à 208 %, et reproduisez puis découpez soigneusement chaque gabarit sur un Rhodoïd.
Vous pouvez également imprimer les gabarits à taille réelle directement et gratuitement à partir de notre site www.letempsapprivoise.fr

Sur le gabarit du module, les lettres avec une apostrophe (A' ou B' par exemple) indiquent un même gabarit, mais à retourner lors de la coupe du tissu pour obtenir, soit un côté gauche, soit un côté droit.

La coupe du tissu

Découpez vos pièces de tissu (voir page 46) sur les tracés du gabarit en ajoutant 5, 6 ou 7 mm pour les coutures.

Pour un module

1. Dans le tissu à grandes fleurs, découpez 1 fois A, 1 fois H et H'.
2. Dans le tissu faux uni bleu clair, découpez 1 fois L, B1 et B1', F1 et F1'.
3. Dans le tissu imprimé à fleurs, découpez 1 fois B et B', F et F', N et N'.
4. Dans le tissu faux uni saumon, découpez 1 fois C et C', E et E', I et I'.
5. Dans le tissu à rayures beiges, découpez 1 fois D et D'.
6. Dans le tissu faux uni bleu foncé, découpez 1 fois G et G', M, O et O'.
7. Dans le tissu à petits motifs orangés, découpez 1 fois K et J.

Pour réaliser le quilt entier

Multipliez par quatre le nombre de pièces à découper.

Une composition surprenante avec le positionnement d'un module à l'envers ! L'utilisation d'une touche de couleur vive apporte une jolie lumière à ce camaïeu de bleu.

Lumières sur la mer

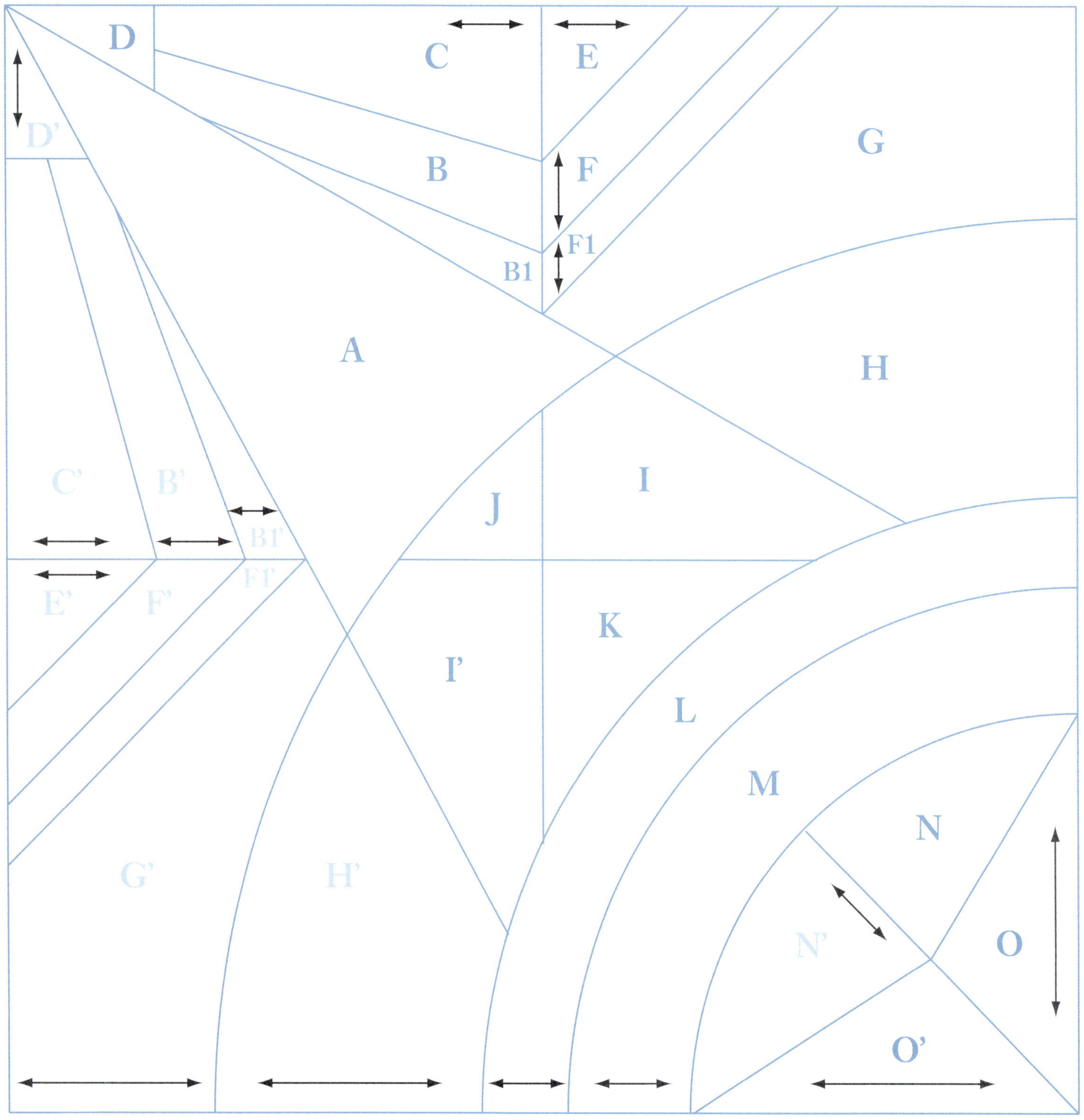

Droit-fil

Agrandir à 208 %

Lumières sur la mer

L'assemblage des blocs

Pour un module

1. Cousez les pièces O-O' ensemble, puis N-N'. Assemblez O à N, ajoutez M puis L.
2. Cousez K à I, I à J, J à I'. Ajoutez de chaque côté H et H'.

3. Assemblez C à B puis B1. Faites le même travail pour B1 et B' et C', ajoutez-y B et B'. Assemblez D-D' à la pointe de A.

4. Cousez E à F et F1 puis à G.

5. Réalisez le même travail pour le côté gauche et assemblez entre les deux la pointe A.

6. Refaites trois fois le même travail.

L'assemblage du quilt

Réalisez trois autres carrés semblables et assemblez-les selon votre choix ou comme il est présenté ici.
Ces assemblages peuvent se faire de différentes façons et le dessin s'en trouve modifié.

Les finitions

La bordure

Cousez la petite bordure autour du patchwork avec les angles en biseau, puis réalisez le même travail avec la grande bordure.

Le matelassage

1. Pour la bordure : faites une frise de fleurs tout le long de la bordure (voir dessin ci-contre).

2. Pour le quilt : il est réalisé dans toutes les coutures.
• Tissus A-H : suivez le tracé du dessin.
• Tissus N-B-F : quiltez le long des tiges des fleurs du tissu.
• Tissus C-E-I-J-K-O : quiltez à 1,5 cm de la couture.
• Tissus D : suivez les rayures.
• Tissus L-M : voir dessin ci-dessous.
• Tissu G : voir dessin ci-contre.

La finition

Superposez doublure, molleton et « top ». Coupez 5 mm tout autour de la bordure et du molleton, et rabattez en ourlet sur le « top ».

Quilting des pièces L et M.

Quilting de la pièce G et de la bordure.

Bouquet d'automne

Au fil des eaux d'automne

Debout comme un bouquet

Des plantes aquatiques

Tomiyasu Fusei
Traduction et adaptation d'Alain Kervern

Les tissus

Pour le quilt (tissus en 120 cm de large)

- 40 cm de tissu à petits carrés noirs et blancs (A, G, N et N')
- 30 cm de tissu rouge à fleurs (B et B', E, F, J et J')
- 90 cm de tissu à motifs de frises (C et C', H et H')
- 30 cm de tissu à grandes fleurs (D, M et M')
- 10 cm de tissu noir (I et I')
- 10 cm de tissu violet à fines rayures (K et K')
- 30 cm de tissu faux uni vert (L et L')

Pour la bordure

- 4 bandes de 8 x 80 cm (+ les coutures) de tissu faux uni vert
- 4 bandes de 2 x 70 cm (+ les coutures) du même tissu que C et H

Pour la doublure

- 120 x 120 cm (+ les coutures) d'une couleur assortie, ici vert kaki

Les élément de base

- Nombre de gabarits à découper : 14
- Nombre de pièces de tissu à découper par module : 23
- Nombre total de pièces de tissu à découper : 92

- Dimensions du patchwork sans bordure : 59 x 59 cm
- Dimensions du patchwork avec bordure : 79 x 79 cm

La préparation du travail

Ce patchwork comporte quatre carrés identiques de 29,5 cm assemblés.

La coupe des gabarits

Photocopiez le module de la page 52 à 150 %, et reproduisez puis découpez soigneusement chaque gabarit sur un Rhodoïd.
Vous pouvez également imprimer les gabarits à taille réelle directement et gratuitement à partir de notre site www.letempsapprivoise.fr

Sur le gabarit du module, les lettres avec une apostrophe (A' ou B' par exemple) indiquent un même gabarit, mais à retourner lors de la coupe du tissu pour obtenir, soit un côté gauche, soit un côté droit.

La coupe du tissu

Découpez vos pièces de tissu (voir page 52) sur les tracés du gabarit en ajoutant 5, 6 ou 7 mm pour les coutures.

Pour un module

1. Dans le tissu à petits carrés noirs et blancs, découpez 1 fois A, G et N.
2. Dans le tissu rouge à fleurs, découpez 2 fois B (1 gauche et 1 droit), 2 fois J (1 gauche et 1 droit), 1 fois E et F.
3. Dans le tissu à motifs de frises, découpez 2 fois C (1 gauche et 1 droit) et 2 fois H (1 gauche et 1 droit).
4. Dans le tissu à grandes fleurs, découpez 1 fois D et 2 fois M (1 gauche et 1 droit).
5. Dans le tissu noir, découpez 2 fois I (1 gauche et 1 droit).
6. Dans le tissu violet à fines rayures, découpez 2 fois K (1 gauche et 1 droit).
7. Dans le tissu faux uni vert, découpez 2 fois L (1 gauche et 1 droit).

Pour réaliser le quilt entier

Multipliez par quatre le nombre de pièces à découper.

Un remarquable effet graphique grâce au choix de tissus fleuris et de tissus à rayures et à frises.

Bouquet d'automne

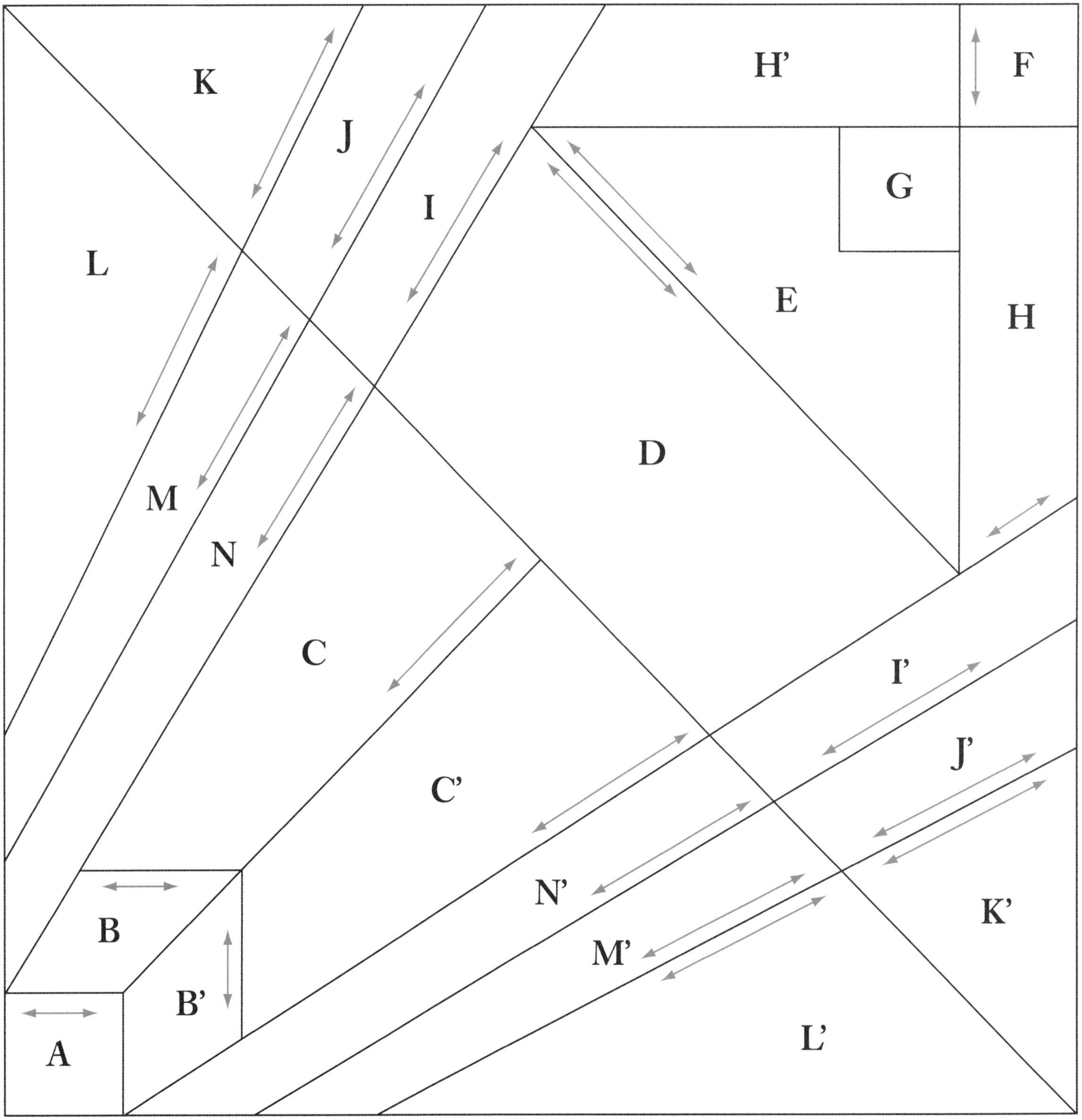

Droit-fil

Agrandir à 150 %

Bouquet d'automne

L'assemblage des blocs

1. Assemblez A à B puis à C et A à B'-C'. Ajoutez D-E-G.

2. Assemblez H à F puis H' et joignez cet angle aux pièces précédemment cousues (sur E-G).

3. Assemblez K à J puis I. Réalisez le même travail avec K'-J' et I.

4. Assemblez L à M-N, réalisez le même travail pour L'-M'-N'. Assemblez les deux morceaux.
Cousez-les de chaque côté du morceau précédent (A-B-C-D…).

5. Refaites trois fois le même travail.

6. Cousez ensemble deux par deux chaque carré de 30 cm, puis assemblez-les pour obtenir le patchwork en entier.

Les finitions

La bordure

Cousez les petites bandes sur le patchwork avec les angles en biseau, puis faites le même travail pour la grande bordure.

Le matelassage

1. Pour la bordure : matelassez en biais tous les 2 cm environ.

2. Pour le quilt : le matelassage s'effectue dans les coutures.
• Tissus A-B-I-J-M-N : quiltez seulement dans les coutures.
• Tissus F-C : suivez les rayures du tissu.
• Tissus E-D : suivez le dessin des fleurs.

La finition

C'est une finition bord à bord. Superposez doublure, molleton et « top ». Enlevez 5 cm tout autour du molleton pour éviter une trop grosse épaisseur dans les coutures, rabattez le « top » et la doublure vers l'intérieur. Cousez à petits points cachés.

Étoile d'hiver

Premier ciel du jour de l'an

Qu'une étoile traverse

Faiblement

Noha
Traduction et adaptation d'Alain Kervern

Les tissus

Pour le quilt
(tissus en 120 cm de large)

- 30 cm de tissu fleuri dans les tons rouges (A , D et D', F et F')
- 40 cm de tissu marine à feuilles (B et B', H et H')
- 60 cm de tissu marine à motifs blancs (C et C', G et G')
- 40 cm de tissu fleuri tons ocre et rouges (E et E', 1 (le petit rond du centre en appliqué : facultatif)
- Chutes d'un autre tissu dans les tons sépia (3)

Pour la bordure

- 7 x 80 cm (+ les coutures) de tissu marine à motifs blancs
- 2 x 70 cm (+ les coutures) de tissu fleuri tons ocre et rouges

Pour la doublure

- 85 x 85 cm (+ les coutures) de tissu à motifs foncés sur tons clairs

Les éléments de base

- Nombre de gabarits à découper : 10
- Nombre de pièces de tissu à découper par module : 20
- Nombre total de pièces de tissu à découper : 80

- Dimensions du patchwork sans bordure : 80 x 80 cm
- Dimensions du patchwork avec bordure : 89 x 89 cm

La préparation du travail

Ce motif se compose de quatre carrés. Mais il est possible d'en assembler huit ou encore davantage pour en faire un dessus-de-lit, par exemple.

La coupe des gabarits

Photocopiez le module de la page 58 à 148 %, et reproduisez puis découpez soigneusement chaque gabarit sur un Rhodoïd.
Vous pouvez également imprimer les gabarits à taille réelle directement et gratuitement à partir de notre site www.letempsapprivoise.fr

Sur le gabarit du module, les lettres avec une apostrophe (A' ou B' par exemple) indiquent un même gabarit, mais à retourner lors de la coupe du tissu pour obtenir, soit un côté gauche, soit un côté droit.

La coupe du tissu

Découpez vos pièces de tissu (voir page 58) sur les tracés du gabarit en ajoutant 5, 6 ou 7 mm pour les coutures.

Pour un module

1. Dans le tissu fleuri dans les tons rouges, découpez 2 fois A2, D et F.
2. Dans le tissu marine à feuilles, découpez 2 fois B et H.
3. Dans le tissu marine à motifs blancs, découpez 2 fois C et G.
4. Dans le tissu fleuri tons ocre et rouges, découpez 2 fois E, 2 fois A1 et 1 fois le petit cercle du milieu à appliquer (facultatif).
5. Dans le tissu fleuri à tons sépia, découpez 2 fois A3.

Le gabarit A peut se faire en une seule pièce ou bien en trois pièces.
Vous pouvez ainsi choisir de réunir les blocs A1-A2-A3 pour n'en faire qu'un seul, ou de séparer chaque pièce comme ici.
Dans ce cas :
- découpez 2 fois A1 et A1' dans le tissu fleuri tons ocre et rouges ;
- découpez 2 fois A2 et A2' dans le tissu fleuri tons rouges ;
- découpez 2 fois A3 et A3' dans des chutes de tissu fleuri assorti.

Pour réaliser le quilt entier

Multiplier par quatre le nombre de pièces à découper.

Des tons sombres ou poudrés,
des imprimés fleuris un peu désuets,
forment un motif d'une délicate simplicité.

Étoile d'hiver

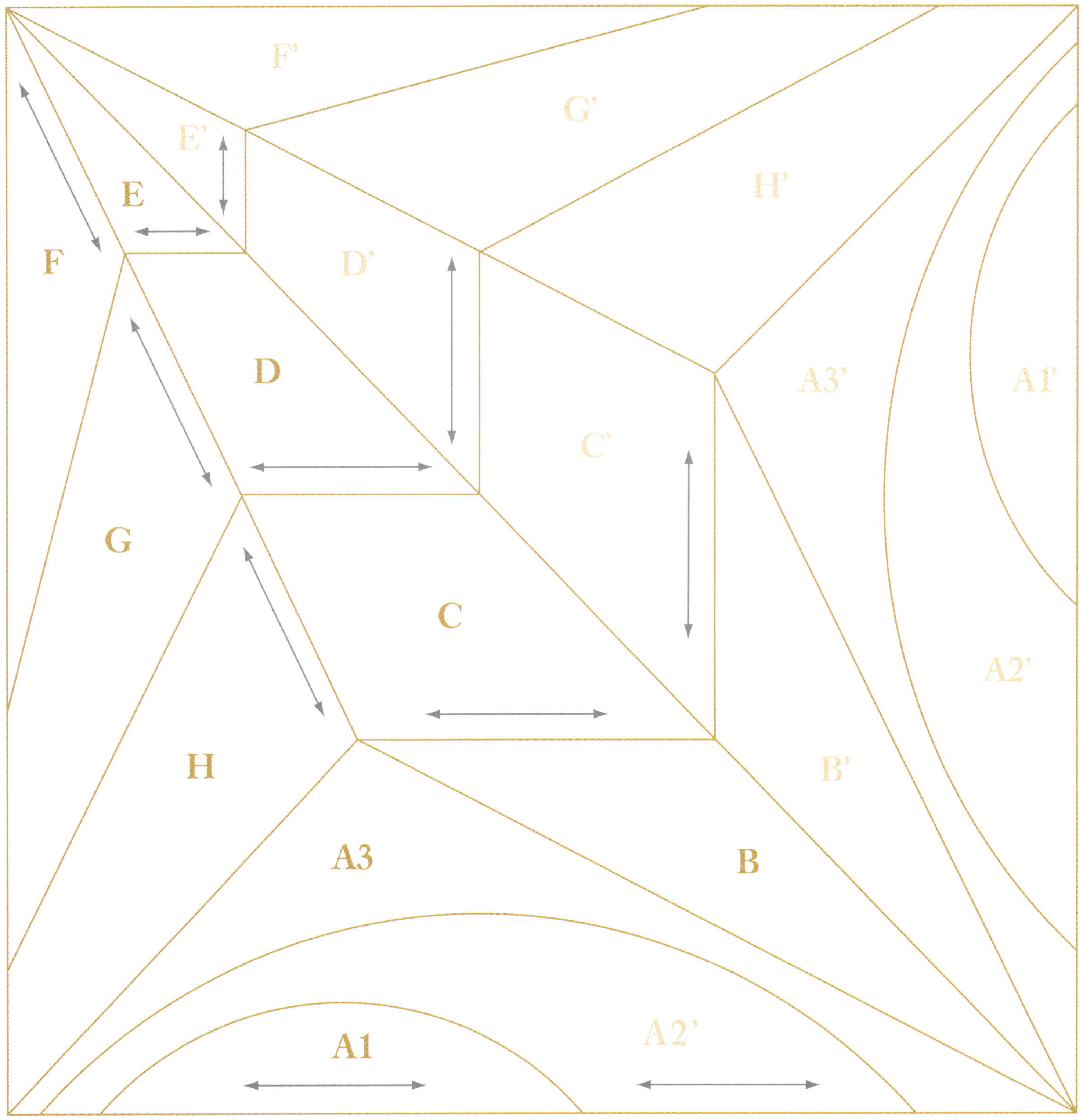

Droit-fil — *Agrandir à 148 %*

Étoile d'hiver

L'assemblage des blocs

1. Assemblez B à C et ajoutez-y D et E, 1 fois du côté gauche et 1 fois du côté droit.
2. Assemblez les deux morceaux ensemble.
3. Assemblez A1 à A2 et à A3 pour obtenir A (faites la même chose pour A1'-A2'-A3').
4. Assemblez F à G puis H, 1 fois côté gauche et 1 fois côté droit. Cousez-les de chaque côté du bloc E-D-C-B.
5. Assemblez les trois morceaux ensemble : A-F-G-H à B-C-D-E à A-F-G-H. Vous obtenez un carré. Assemblez par deux, puis par quatre, pour réaliser le patchwork en entier.

Les finitions

La bordure

Cousez les petites bandes sur le patchwork avec les angles en biseau. Réalisez le même travail pour les grandes bordures.

Le matelassage

1. Pour la bordure : cousez quelques petits points régulièrement tout au long de la bordure.
2. Pour le quilt : le matelassage s'effectue dans toutes les coutures.
   • Suivez le dessin des fleurs dans les tissus fleuris.
   • Tissus B-H : suivez les dessins du tissu.
   • Tissus C-G : suivez les rayures du tissu.

La finition

Superposez doublure, molleton et « top ». Enlevez 5 mm tout autour du molleton. Rentrez la doublure vers l'intérieur ainsi que le « top », sur 5 mm. Assemblez à points glissés.

Sous la lune

Pleine lune
J'ai fait toute la nuit
Le tour de l'étang

Basho (1644-1694)
Traduction et adaptation d'Alain Kervern

Les tissus

Pour le quilt (tissus en 120 cm de large)

Des chutes de tissu japonais de différents motifs et différentes couleurs dans les tons de bleu

Pour la bordure

- **4 bandes de 7 x 80 cm (+ les coutures) de tissu bleu à motifs blancs**
- **4 bandes de 2 x 80 cm (+ les coutures) de tissu bleu à petits imprimés blancs**

Pour la doublure

- **75 x 75 cm (+ les coutures) de tissu bleu lavande**

Les éléments de base

- **Nombre de gabarits et de pièces de tissu à découper par carré : 24**
- **Nombre total de pièces de tissu à découper : 216**

- **Dimensions du patchwork sans bordure : 60 x 60 cm**
- **Dimensions du patchwork avec bordure : 78 x 78 cm**

La préparation du travail

Ce motif est l'assemblage de neuf carrés de 20 cm, placés par trois sur trois rangées.

La coupe des gabarits

Photocopiez le module de la page 64, et reproduisez puis découpez soigneusement chaque gabarit sur un Rhodoïd.
Vous pouvez également imprimer les gabarits à taille réelle directement et gratuitement à partir de notre site www.letempsapprivoise.fr

La coupe du tissu

Découpez vos pièces de tissu (voir page 64) sur les tracés du gabarit en ajoutant 5, 6 ou 7 mm pour les coutures. Découpez neuf fois chaque pièce.

Conseil
Je vous conseille de numéroter et de ranger chaque gabarit dans des enveloppes, afin d'éviter leur perte et surtout pour ne pas les mélanger.

L'assemblage des blocs

1. Procédez en ligne : cousez A à B puis C, D et E. Pour le deuxième rang, faites le même travail avec F, G, H, I et J.
Assemblez ces deux rangées.

2. Continuez l'ouvrage par K, L, M, N et O. Puis P, Q, R, S et T.

3. Assemblez ces deux rangées, puis joignez-y les deux premières.

4. Enfin, assemblez U, V, W et X. Assemblez ce bloc constitué à l'ensemble de l'ouvrage. Le premier carré de l'ouvrage est terminé.

5. Faites la même chose avec les huit autres carrés.

6. Montez trois rangées de trois carrés. Placez le premier carré « debout » comme sur le dessin ci-contre, et tournez d'un quart de tour le deuxième carré. Réalisez le même travail pour le troisième, le quatrième, et ainsi de suite.
- Premier carré : A en haut.
- Deuxième carré : A tourné à droite.
- Troisième carré : A tourné en bas.

7. Réalisez le même travail pour la deuxième rangée, puis pour la troisième (tournez les carrés dans le sens des aiguilles d'une montre).

Les coloris indigo, rehaussés de délicats motifs blancs ou rouges, confèrent à l'ouvrage un aspect raffiné, extrêmement élégant, d'une rare beauté. Les neuf carrés de 20 x 20 cm sont disposés par rangées, ce qui facilite le travail de piécé.

Sous la lune

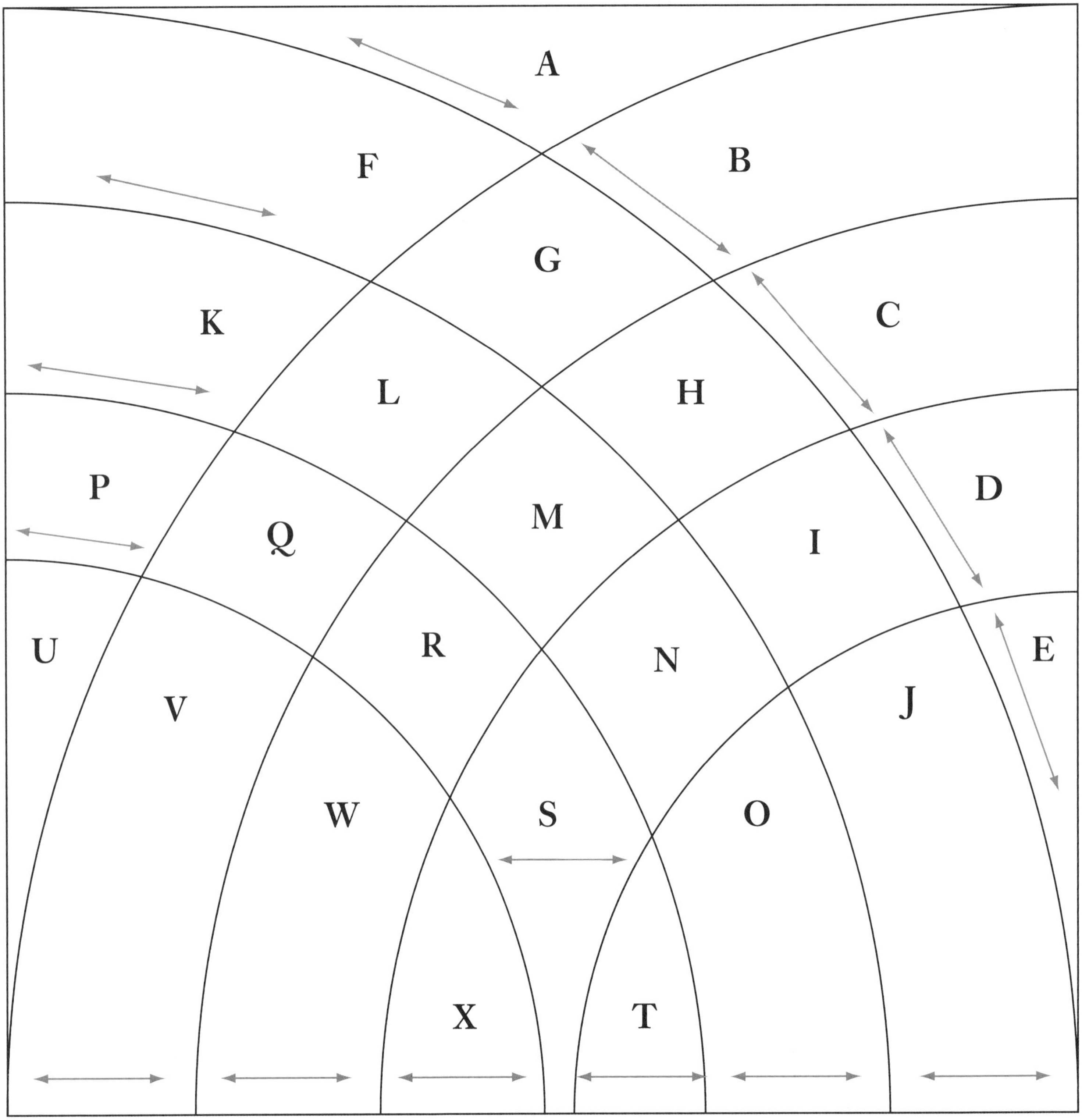

Droit-fil

Les finitions

La bordure

Pour terminer l'ouvrage, découpez quatre bandes de 2 cm dans un tissu de votre choix (ici, un autre tissu bleu imprimé de motifs blancs), et cousez-les tout autour, en rabattant en ourlet, comme pour réaliser un biais. Assemblez la petite bordure sur le « top ». Assemblez ensuite les quatre autres bandes en ajoutant dans les angles quatre carrés de la même hauteur, à cheval sur la grande bordure et la doublure.

Le matelassage

Pour le quilt et la bordure : réalisez un matelassage machine en cousant de jolies volutes, comme ici. Vous pouvez vous inspirer de la photo ou bien réaliser votre propre dessin de matelassage.

La finition

Superposez doublure, molleton et « top ». Enlevez 5 mm tout autour du molleton. Rentrez la doublure vers l'intérieur ainsi que le « top » sur 5 mm, et faites une couture pour assembler les deux côtés à points glissés.

La bordure.

Le ciel des villes

Devant la lune

Cette fumée qui monte

Ciel des villes

Kawahigashi Hekigodo
Traduction et adaptation d'Alain Kervern

Les tissus

Pour le quilt
(tissus en 120 cm de large)

- 50 cm de tissu à grandes rayures dans les tons rouge foncé (A, D, H, L)
- 10 cm de tissu gris clair à motifs (B)
- 100 cm de tissu à grands dessins dans les tons gris et blancs (C, G et G', K)
- 50 cm de tissu gris moyen à petits motifs (E, J, N)
- 25 cm de tissu faux uni gris foncé (F et F', I, M)

Pour la bordure

- 4 bandes de 2 x 48 cm (+ les coutures) de tissu à grandes rayures
- 4 bandes de 6 x 60 cm (+ les coutures) de tissu gris moyen
- 4 carrés de 6 x 6 cm (+ les coutures) de la hauteur de la bande pour les angles, de tissu gris moyen

Pour la doublure

- Un tissu gris uni de 75 x 75 cm (+ les coutures)

Les éléments de base

- Nombre de gabarits à découper : 14
- Nombre total de pièces de tissu à découper : 112

- Dimensions du patchwork sans bordure : 60 x 60 cm
- Dimensions du patchwork avec bordure : 74 x 74 cm

La préparation du travail

Ce motif est un seul module. Mais il est possible, comme pour les autres modèles, d'en ajouter autant qu'il vous plaira jusqu'à en faire un plaid ou un dessus-de-lit, par exemple.

La coupe des gabarits

Photocopiez le module de la page 70 à 300 %, et reproduisez puis découpez soigneusement chaque gabarit sur un Rhodoïd.
Vous pouvez également imprimer les gabarits à taille réelle directement et gratuitement à partir de notre site www.letempsapprivoise.fr

Sur le gabarit du module, les lettres avec une apostrophe (A' ou B' par exemple) indiquent un même gabarit, mais à retourner lors de la coupe du tissu pour obtenir, soit un côté gauche, soit un côté droit.

La coupe du tissu

Découpez vos pièces de tissu (voir page 70) sur les tracés du gabarit en ajoutant 5, 6 ou 7 mm pour les coutures.

Pour réaliser le quilt entier

1. Dans le tissu à grandes rayures, découpez 4 fois (ou 8 fois si vous faites plusieurs gabarits) A, 8 fois D, L et H.

2. Dans le tissu gris clair à motifs, découpez 8 fois B.

3. Dans le tissu à grands dessins, découpez 8 fois C, G et K.

4. Dans le tissu gris moyen à petits motifs, découpez 4 fois (ou 8 fois si vous faites plusieurs gabarits) E, 8 fois J et N.

5. Dans le tissu faux uni gris foncé, découpez 4 fois (ou 8 fois si vous faites plusieurs gabarits) F, I et 8 fois M.

Dans ce patchwork, je n'ai pas séparé en deux les pièces A, E, F et I, mais si vous êtes adroite, n'hésitez pas à le faire pour créer ainsi une autre composition.

Un peu plus délicat à réaliser puisqu'il s'agit d'un jeu de courbes, ce quilt est tout en nuances subtiles.

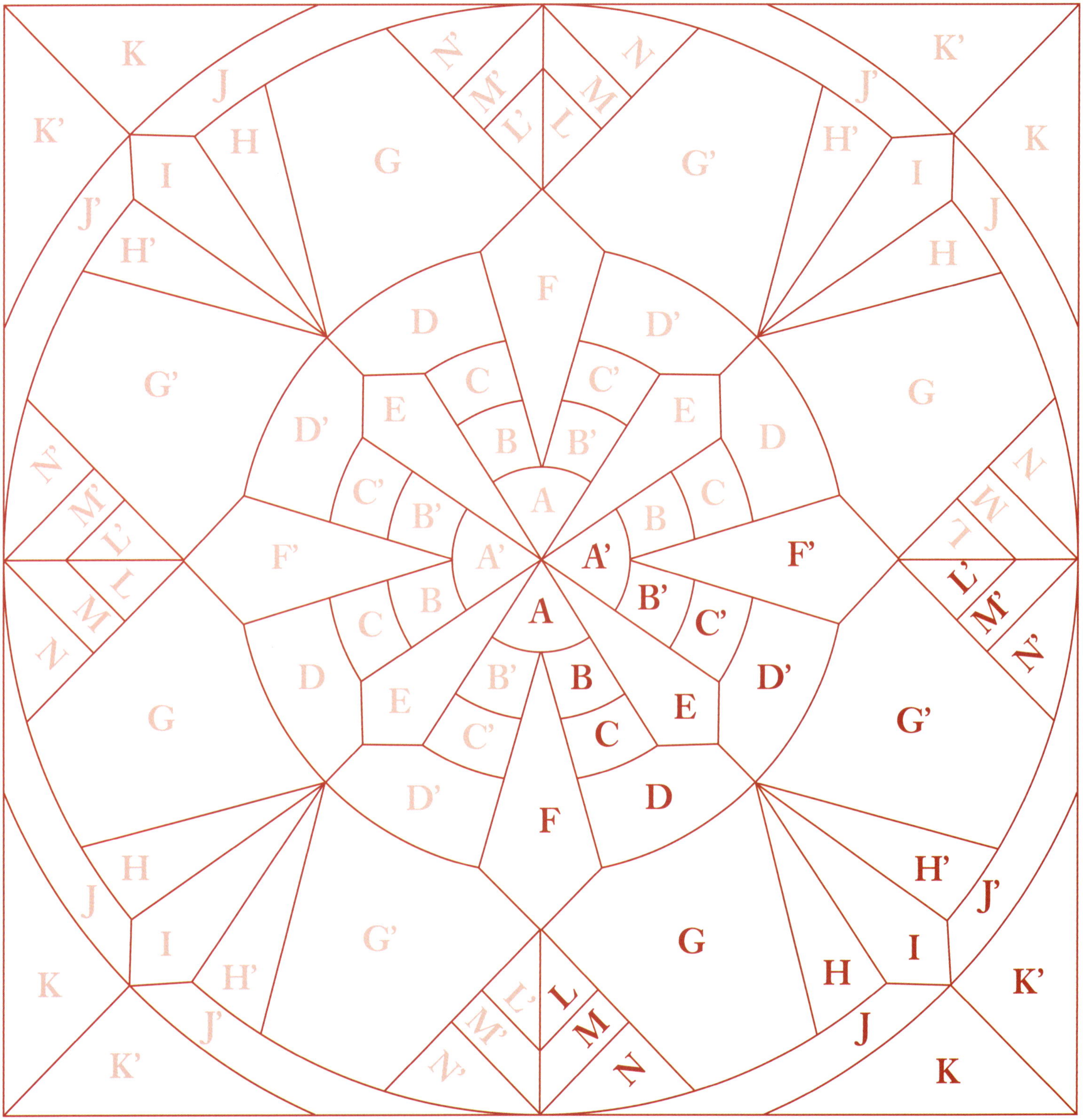

← → *Droit-fil* *Agrandir à 300 %*

Le ciel des villes

L'assemblage des blocs

1. Assemblez les B aux C puis aux D. Ajoutez les F et les A. De chaque côté cousez les E.

2. Réalisez le même travail trois fois encore : vous obtenez un cercle. Travaillez minutieusement en assemblant vos pièces pour obtenir un cercle parfait.

3. Assemblez L à M et N (gauche). Réalisez le même travail pour la droite (L', M' et N').

4. Ajoutez à ce travail le G puis H et I, et joignez-y J et K. Réalisez le même travail pour l'autre côté (G', H', I', J' et K'). Refaites trois fois ce travail et assemblez ces quatre morceaux : vous obtenez une couronne.

5. Assemblez le cercle à la couronne, puis ajoutez les quatre triangles des coins. Vous obtenez un carré.

Les finitions

La bordure

Assemblez la bordure de 2 cm à celle de 6 cm. Réalisez le même travail pour les quatre bandes et cousez-les sur le « top ». Dans les quatre coins, ajoutez les carrés de 8 cm.

Le matelassage

1. Pour la bordure : réalisez deux cercles de deux tailles différentes dans chaque carré d'angle, et effectuez quelques points en suivant le motif sur les longueur et largeur de la bordure.

2. Pour le quilt : quiltez dans les coutures.
- Tissus H, D, A : quiltez dans les rayures du tissu.
- Tissu G : quiltez dans les lignes du dessin.
- Tissu F : quiltez dans les rayures mais dans l'autre sens.

La finition

Enlevez sur la doublure et le molleton 5 mm de tissu sur tout le périmètre et rabattez le « top » en petit ourlet sur l'envers, à petits points, comme pour un ourlet.

Les oiseaux de lune

La pleine lune

Donnez-la moi

Pleure un petit garçon

Issa
Traduction et adaptation d'Alain Kervern

Les tissus

Pour le quilt
(tissus en 120 cm de large)

- 10 cm de tissu à petites rayures dans les tons rouges (A-E, les 4 demi-cercles du tour)
- 40 cm de tissu motif feuilles vertes (H)
- 50 cm de tissu à grandes impressions d'oiseaux, de fleurs, d'arbres… (C)
- 50 cm de tissu faux uni jaune (D)
- 30 cm de tissu faux uni violet (E)
- 10 cm de tissu à grandes rayures dans les tons verts (E, F)
- 30 cm de tissu à petits motifs verts (B)
- 30 cm de tissu faux uni vert (G)

Facultatif : de petites chutes de tissu fleuri dans les tons verts pour l'appliqué des 4 petits cercles et 8 demi-cercles.

Pour la bordure

- 4 grandes bandes de 9 x 98 cm (+ les coutures) de tissu faux uni vert
- 4 petites bandes de 2 x 85 cm (+ les coutures) de tissu faux uni jaune

Pour la doublure

- 105 x 105 cm (+ les coutures) de tissu vert à petites fleurs

Les éléments de base

- Nombre de gabarits à découper par module : 8
- Nombre de pièces de tissu à découper par module : 40
- Nombre total de pièces de tissu à découper : 160

- Dimensions du patchwork sans bordure : 80 x 80 cm
- Dimensions du patchwork avec bordure : 98 x 98 cm

La préparation du travail

Ce patchwork est composé de quatre carrés de 40 x 40 cm.

La coupe des gabarits

Photocopiez le module de la page 76 à 200 %, et reproduisez puis découpez soigneusement chaque gabarit sur un Rhodoïd.
Vous pouvez également imprimer les gabarits à taille réelle directement et gratuitement à partir de notre site www.letempsapprivoise.fr

Sur le gabarit du module, les lettres avec une apostrophe (A' ou B' par exemple) indiquent un même gabarit, mais à retourner lors de la coupe du tissu pour obtenir, soit un côté gauche, soit un côté droit.

La coupe du tissu

Découpez vos pièces de tissu (voir page 76) sur les tracés du gabarit en ajoutant 5, 6 ou 7 mm pour les coutures.

Conseil
Réalisez le travail de courbes, en piécé si vous êtes adroite, et en appliqué si vous êtes moins téméraire.

Pour un module

1. Dans le tissu à petites rayures rouges, découpez 4 fois A et 1 fois E.

2. Dans le tissu à petits motifs verts, découpez 4 fois B.

3. Dans le tissu à grandes impressions d'oiseaux, de fleurs, d'arbres… découpez 4 fois C.

4. Dans le tissu faux uni jaune, découpez 4 fois D.

5. Dans le tissu à grandes rayures, découpez 1 fois E et 8 fois F.

6. Dans le faux uni vert, découpez 4 fois G.

7. Dans le tissu vert à motifs de feuilles, découpez 8 fois H.

8. Dans le tissu violet, découpez 2 fois E.

Facultatif : dans les petites chutes de tissu vert fleuri, découpez deux fois deux demi-cercle de 4 cm environ de diamètre, pour l'appliqué.

Important : E est à découper dans des tissus différents : pour le patchwork entier, quatre pièces E sont découpées dans le tissu à grandes rayures, quatre pièces E dans le tissu à petites rayures rouges, et quatre pièces E dans le tissu violet.

Pour réaliser le quilt entier

Multipliez par quatre le nombre de pièces à découper.

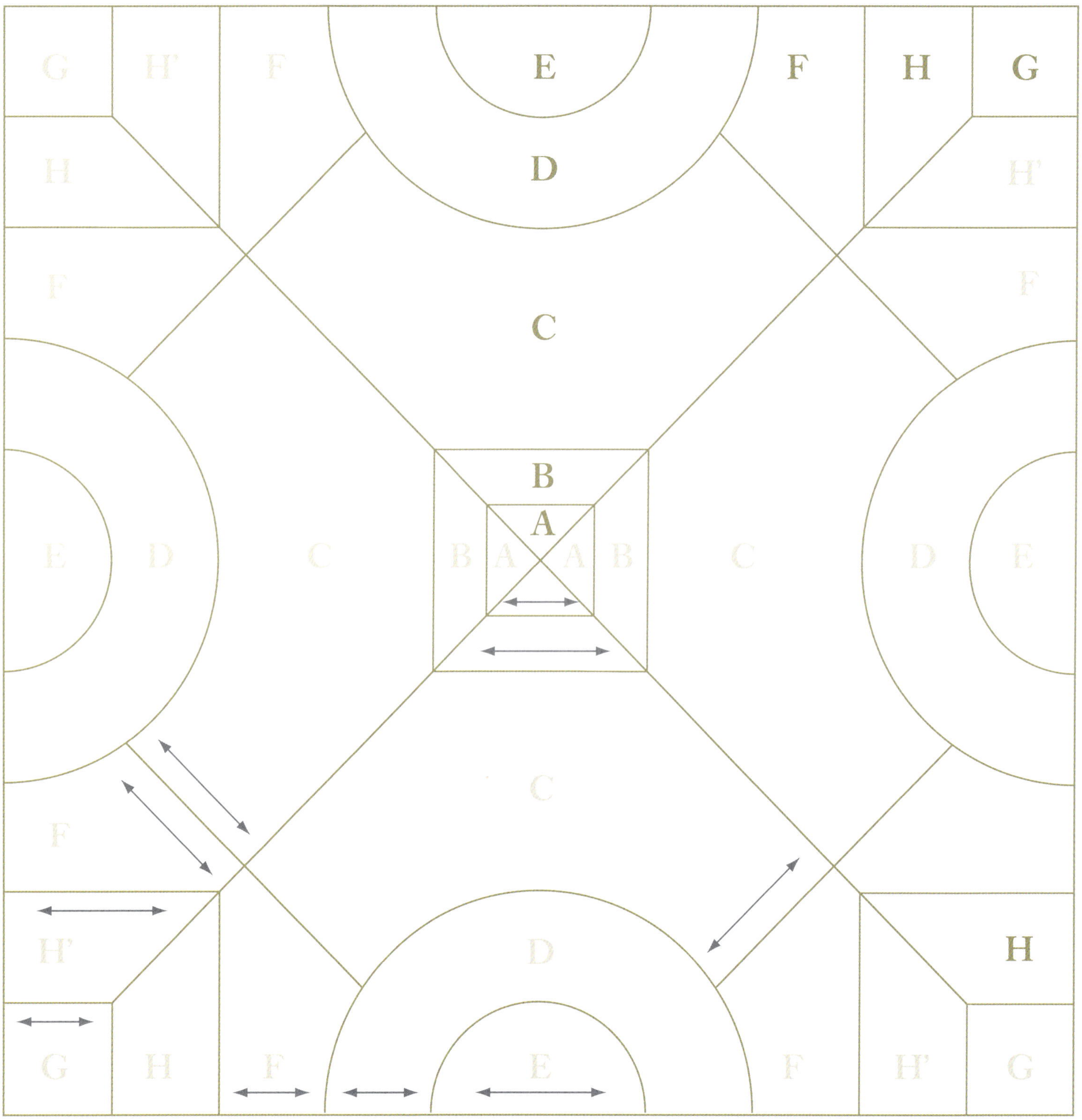

Droit-fil

Agrandir à 200 %

Les oiseaux de lune

L'assemblage des blocs

Pour un module

1. Commencez par le centre en assemblant A à B puis à C. Répétez ce travail 3 fois.
2. Assemblez les angles : H à G et ajoutez F. Répétez ce travail 3 fois (F est tracé gabarit à l'endroit sur l'envers du tissu).

3. Réalisez les quatre demi-cercles : E-D.

4. Assemblez F-G-H à A-B-C et ajoutez les quatre demi-cercles à la suite de C et F.

Refaites ce travail quatre fois en assemblant les carrés par deux, puis par quatre. Vous obtenez un grand carré de 80 x 80 cm.

Les finitions

La bordure

Enlevez 4 mm de la doublure et du molleton sur les quatre côtés. Rabattez le « top » en ourlet sur la doublure, et cousez comme un ourlet.

Le matelassage

1. Pour la bordure : suivez le contour des fleurs.

2. Pour le quilt : j'ai profité des rayures du tissu pour quilter en suivant les lignes, des oiseaux et des feuillages en suivant les formes des dessins.
• Tissus A, F : suivez les rayures du tissu.
• Tissus B, H : quiltez dans les coutures.
• Tissu C : suivez les motifs du tissu.
• Tissu D : Tissu uni – mais avec tissage fantaisie – quiltez sur ces dessins.
• Tissu E : quiltez un point sur chaque fleur.
• Tissu G : suivez le motif des fleurs.

La finition

Superposez doublure, molleton et « top ». Enlevez 5 mm sur les quatre côtés de la doublure et du molleton, et rabattez par un ourlet de 5 mm sur la doublure. Cousez comme pour un ourlet.

Soleil de feu

La flamme d'une bougie
Allume une autre bougie
Crépuscule de printemps

Buson
Traduction et adaptation de Gilles Fabre

Les tissus

Pour le quilt (tissus en 120 cm de large)

- 40 cm de tissu à grandes fleurs dorées (A, L)
- 30 cm d'un autre tissu fleuri, dans les tons rouge doré (J et J')
- 40 cm de tissu à grands motifs rayés, tons rouges (C, I et I', G, M et M')
- 30 cm de tissu uni noir (B, H, K et K')
- 10 cm de tissu vert à petites rayures (D et D')
- 10 cm de tissu faux uni vert (E et E')
- 20 cm de tissu vert à petites fleurs (F et F')
- 20 x 20 cm de tissu faux uni vert kaki (pour le pliage en origami)

Pour la bordure

- 4 bandes de 7 x 100 cm (+ les coutures) de tissu noir
- 4 bandes de 2 x 100 cm (+ les coutures) du même tissu vert à petites fleurs

Pour la doublure

- 105 x 105 cm (+ les coutures) de tissu vert foncé

Les éléments de base

- Nombre de gabarits à découper par module : 13
- Nombre de pièces de tissu à découper par module : 23
- Nombre total de pièces de tissu à découper : 92

- Dimensions du patchwork sans bordure : 80 x 80 cm
- Dimensions du patchwork avec bordure : 90 x 90 cm

La préparation du travail

Ce motif est l'assemblage de quatre modules de 40 x 40 cm.

La coupe des gabarits

Photocopiez le module de la page 82 à 200 %, et reproduisez puis découpez soigneusement chaque gabarit sur un Rhodoïd.
Vous pouvez également imprimer les gabarits à taille réelle directement et gratuitement à partir de notre site www.letempsapprivoise.fr

Sur le gabarit du module, les lettres avec une apostrophe (A' ou B' par exemple) indiquent un même gabarit, mais à retourner lors de la coupe du tissu pour obtenir, soit un côté gauche, soit un côté droit.

La coupe du tissu

Découpez vos pièces de tissu (voir page 82) sur les tracés du gabarit en ajoutant 5, 6 ou 7 mm pour les coutures.

Conseil
Ce modèle possède de grands gabarits (A, J, I, L). Aussi faut-il choisir des tissus à grandes fleurs.

Pour un module

1. Dans le tissu à grandes fleurs dorées, découpez 1 fois A et L.
2. Dans l'autre tissu tons rouge doré, découpez 4 fois J.
3. Dans le tissu à grands motifs rayés tons rouges, découpez 1 fois C, 2 fois I, G et M.
4. Dans le tissu uni noir, découpez 1 fois B et B', 2 fois H et K.
5. Dans le tissu vert à petites rayures, découpez 2 fois D.
6. Dans le tissu faux uni vert, découpez 2 fois E.
7. Dans le tissu à petites fleurs, découpez 2 fois F.

Pour réaliser le quilt entier

Multipliez par quatre le nombre de pièces à découper.

L'assemblage des blocs

1. Assemblez B à A, puis à C.
2. Assemblez D à E et à F pour le côté droit. Faites le même travail pour le côté gauche.
3. Cousez K à J côté droit, et H à G. Cousez le tout à I.
4. Réalisez le même travail pour le côté gauche. Assemblez le côté gauche au côté droit.
5. Joignez au bloc A-B-C-D-E-F à I.
6. Pour terminer l'ouvrage, cousez M à L, ajoutez-y M' et cousez à K-K'.

Refaites ce travail trois fois pour réaliser le patchwork en entier.

Les motifs dorés et chamarrés des tissus, ainsi que le ravissant pliage origami appliqué au centre, donnent un air très précieux à l'ouvrage. Assemblez les modules selon votre fantaisie si vous désirez obtenir une composition différente de celle-ci.

Soleil de feu

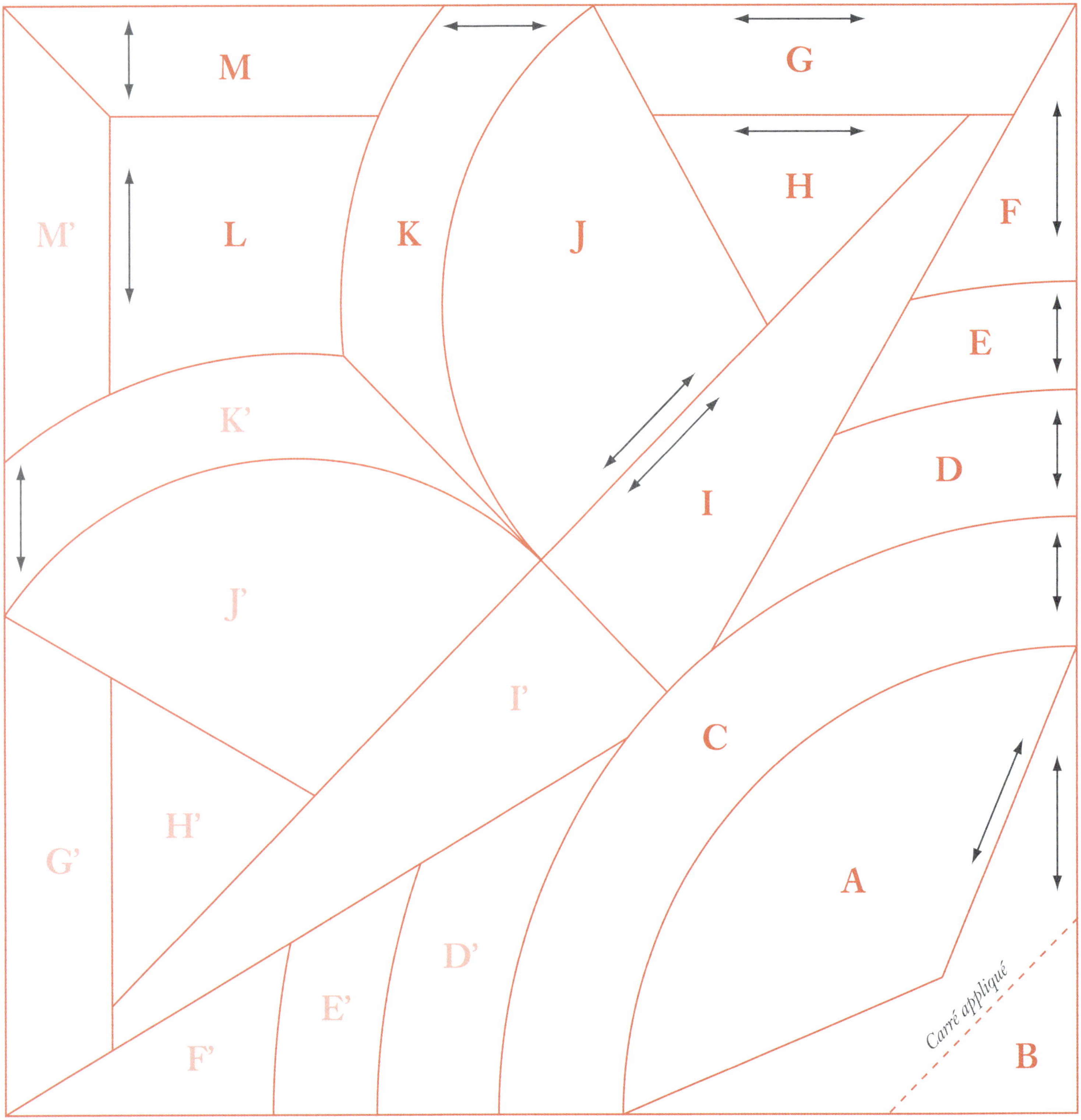

Droit-fil

Agrandir à 200 %

Soleil de feu

Le pliage en origami

1. Prenez un carré de tissu de 10 cm de côté. Pliez les quatre angles vers le centre. Repassez bien.

2. Repliez une deuxième fois les 4 angles vers le centre. Fixez avec un point de couture les quatre pointes au centre. Tracez les diagonales afin d'obtenir le centre (E) du carré.

3. Pliez A, B, C et D vers E. Vous obtenez un carré de 7 cm.

4. Faites le même travail que précédemment : le carré obtenu mesure 5 cm. Fixez par quelques points de couture A-B-C-D sur E. Repassez.

5. Vous pouvez coudre une perle sur le centre, broder un motif, ou, comme ici, appliquer une petite pièce de tissu (octogonale) d'environ 1,5 cm.

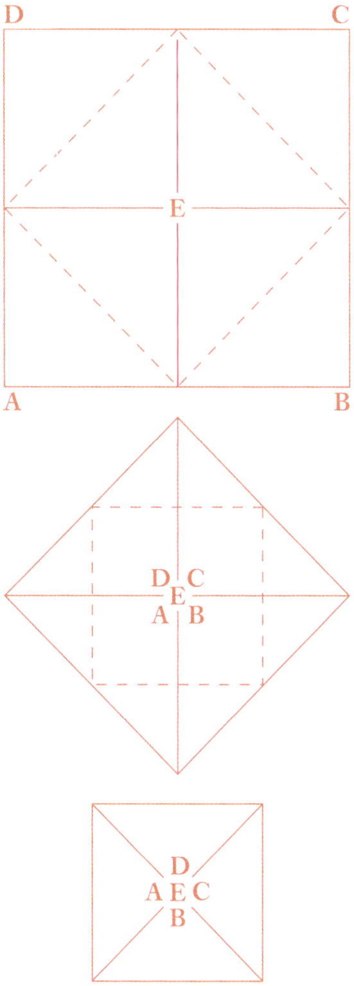

Pliage en origami au centre de l'ouvrage.

Les finitions

La bordure

Cousez la petite bordure sur le « top » en terminant les angles en biseau, puis réalisez le même travail avec la grande bordure.

Le matelassage

1. Pour la bordure : un motif de fleur, séparé par 3 lignes parallèles, court le long de la bordure.

2. Pour le quilt : il est réalisé dans toutes les coutures.
- Tissu A : suivez le contour des dessins.
- Tissus C, G, M, I : suivez les rayures.
- Tissus D-E-F-H-K : quiltez dans les coutures.
- Tissu J, L : suivez les motifs du tissu.

La finition

C'est une finition bord à bord. Superposez doublure, molleton et « top ». Enlevez une bande de 5 cm sur tous les côtés du molleton pour éviter une trop grosse épaisseur dans les coutures.
Placez au centre le pliage origami, en faisant un petit point à chaque angle pour le maintenir en place.

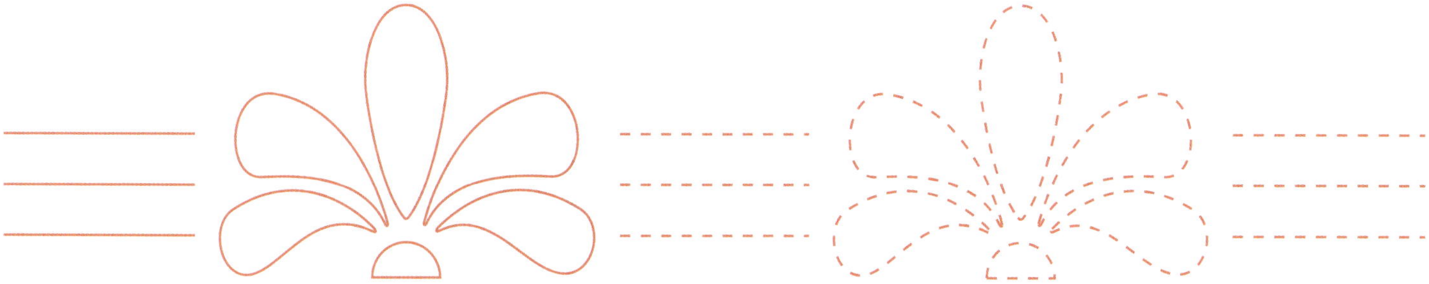

Dessin de matelassage de la bordure.

Ronde de printemps

Timide printemps

Fait le tour du jardin

Sans franchir la porte

Takahama Kyoshi
Traduction et adaptation d'Alain Kervern

Les tissus

Pour le quilt (tissus en 120 cm de large)

- 100 cm de tissu japonais à grandes fleurs, tons marron (A, E, F)
- 40 cm de tissu à motifs, tons brique (B)
- 50 cm de tissu faux uni dans les tons verts en harmonie avec les autres tissus (C)
- 20 cm de tissu rouge à motifs (D)

Pour la bordure

- 10 x 105 cm (+ les coutures) de tissu à motifs dans les tons brique, dans un imprimé différent
- 3 x 102 cm (+ les coutures) de tissu faux uni dans les tons brique dans un imprimé encore différent

Pour la doublure

- 110 x 110 cm (+ les coutures) de tissu beige clair

Les éléments de base

- Nombre de gabarits à découper par module : 6
- Nombre de pièces de tissu à découper par module : 21
- Nombre de pièces de tissu à découper pour tout le patchwork : 84

- Dimensions du patchwork sans bordure : 84 x 84 cm
- Dimensions du patchwork avec bordure : 104 x 104 cm

La préparation du travail

Ce motif est l'assemblage de quatre modules de 42 x 42 cm.

La coupe des gabarits

Photocopiez le module de la page 88 à 210 %, et reproduisez puis découpez soigneusement chaque gabarit sur un Rhodoïd.
Vous pouvez également imprimer les gabarits à taille réelle directement et gratuitement à partir de notre site www.letempsapprivoise.fr

La coupe du tissu

Découpez vos pièces de tissu (voir page 88) sur les tracés du gabarit en ajoutant 5, 6 ou 7 mm pour les coutures.

Pour un module

1. Dans les tissus à grandes fleurs, découpez 1 fois A et 4 fois E et F.
   Si vous avez un très beau tissu et pour plus de facilité, vous pouvez ne faire qu'un seul morceau des quatre pièces E pour réaliser le centre de l'ouvrage. Vous appliquez alors un grand cercle au centre.
2. Dans le tissu à motifs, tons brique, découpez 4 fois B.
3. Dans le tissu faux uni tons verts, découpez 4 fois C.
4. Dans le tissu rouge à motifs, découpez 4 fois D.

Pour réaliser le quilt entier

Multipliez par quatre le nombre de pièces à découper.

L'assemblage des blocs

1. Assemblez B à C. Assemblez E à D puis F. Joignez ces deux morceaux.
2. Faites ce travail quatre fois.
3. Cousez le bloc E-D-F-C à A.
4. Réalisez ce travail trois autres fois pour réaliser le patchwork en entier.

Le travail d'appliqué

Sur les pièces B, appliquez un petit cercle découpé dans un motif de fleurs.

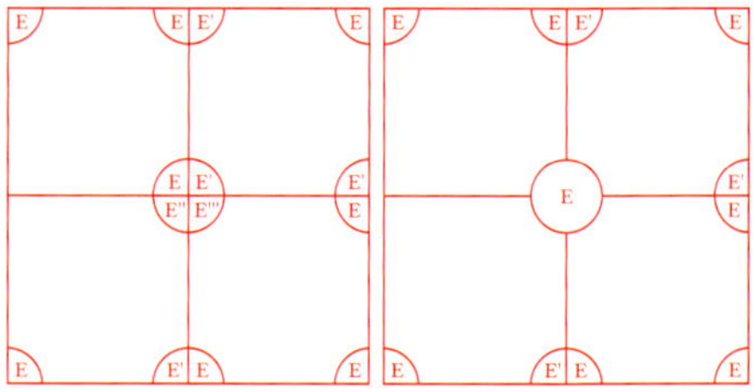

Ronde de printemps

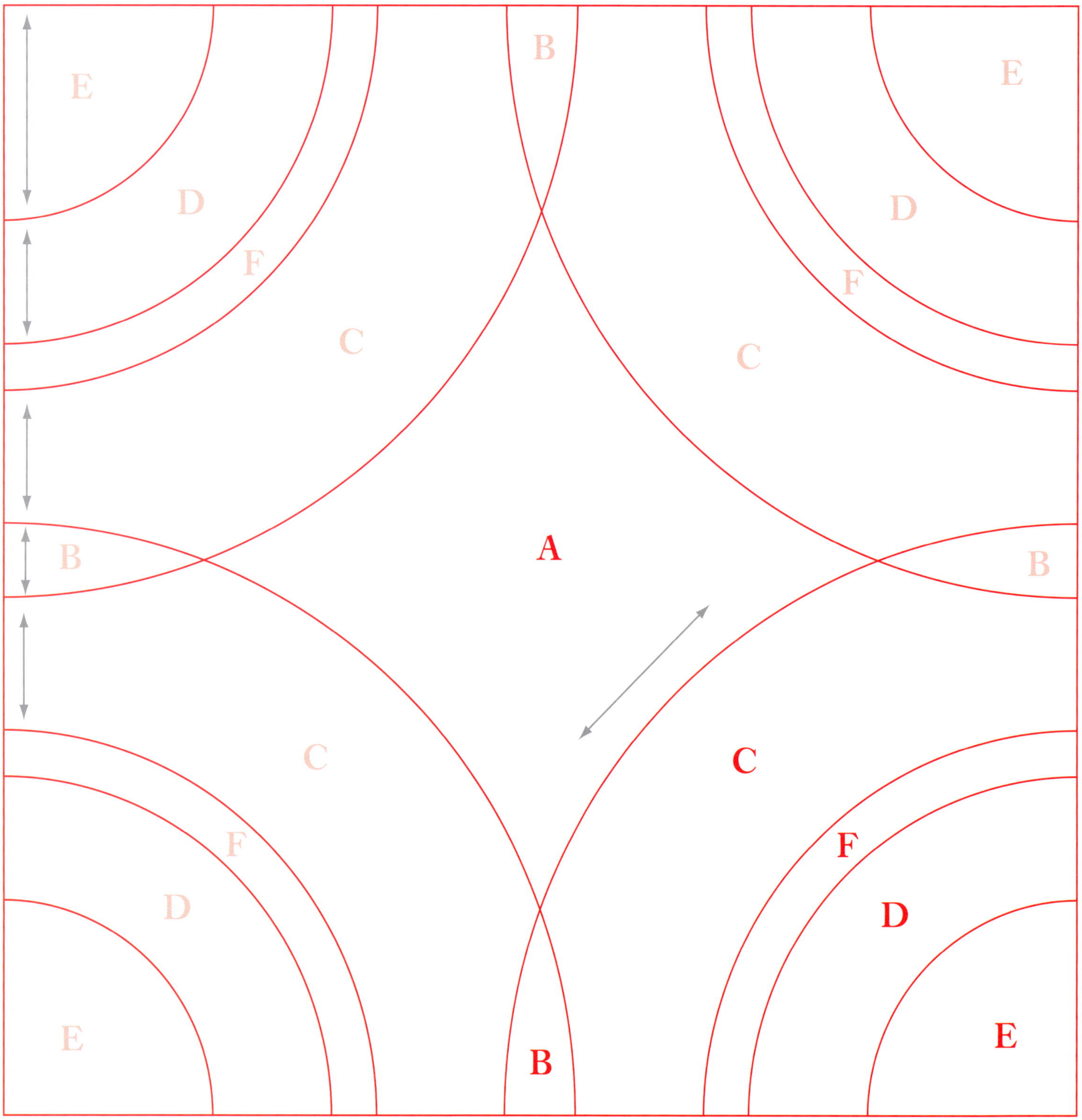

Droit-fil

Agrandir à 210 %

Ronde de printemps

Les finitions

La bordure

Réalisez un travail de piécé sur l'angle inférieur droit, en choisissant les mêmes tissus que le « top ».

Pour un côté seulement.

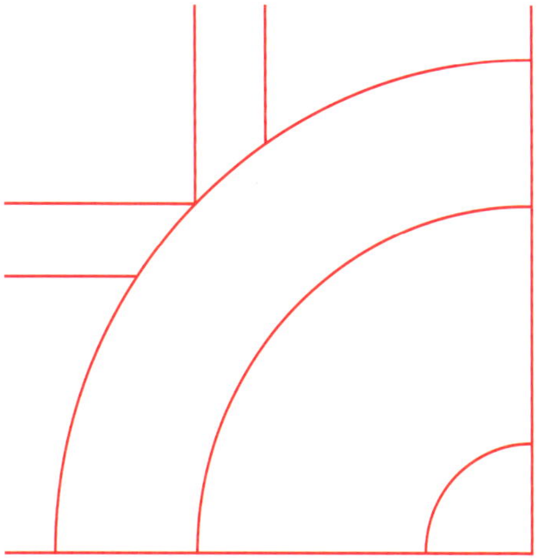

Terminez en angle pour les trois autres côtés.

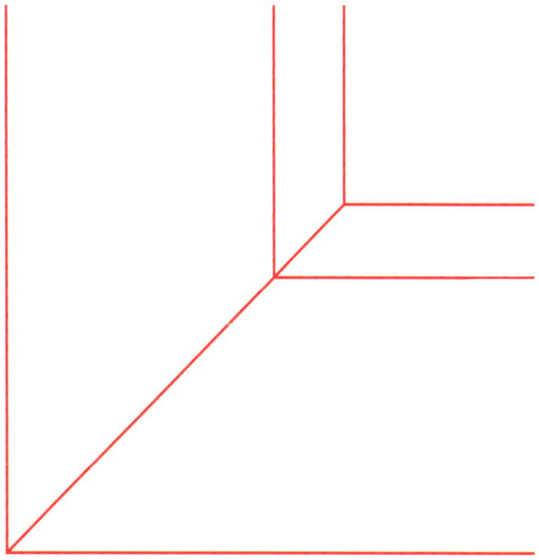

Le matelassage

1. Pour la bordure : c'est un motif de vagues qui court tout le long de la bordure.

2. Pour le quilt : il est réalisé dans toutes les coutures.
- Tissus E-A-F : suivez le tracé des fleurs.
- Tissus B-D : quiltez dans les coutures.
- Tissus C : en écho en suivant les courbes.

La finition

Superposez doublure, molleton et « top ». Enlevez 5 mm sur les quatre côtés de la doublure et du molleton, et rabattez par un ourlet de 5 mm sur la doublure. Cousez comme pour un ourlet.

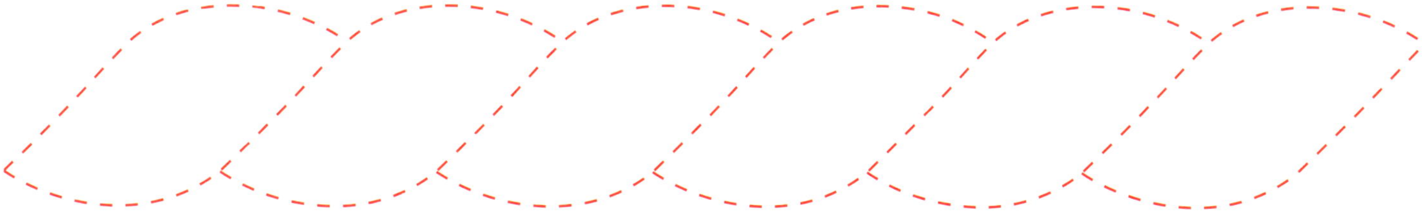

Les moissons du ciel

Raconte-moi

La fraîcheur des chemins

Vent d'est des moissons

Raizan
Traduction et adaptation d'Alain Kervern

Les tissus

Pour le quilt (tissus en 120 cm de large)

- 50 cm de tissu à rayures jaunes et turquoise (A et A', D)
- 60 cm de tissu à grandes fleurs et feuilles dans les tons jaune et rouge (B, F)
- 30 cm de tissu faux uni vert (C et C')
- Des chutes de tissu jaune à fines rayures (E)

Pour la bordure

- 4 bandes de 2 x 75 cm de tissu à rayures jaunes et turquoise
- 4 bandes de 5 x 95 cm de tissu faux uni vert
- 4 carrés de 7 x 7 cm de tissu à grandes fleurs et feuilles

Pour la doublure

- 92 x 92 cm de tissu jaune à petits motifs

Les éléments de base

- Nombre de gabarits à découper par module : 6
- Nombre de pièces de tissu à découper par module : 32
- Nombre total de pièces de tissu à découper : 128 (ou 112 si vous ne divisez pas AA')

- Dimensions du patchwork sans bordure : 80 x 80 cm
- Dimensions du patchwork avec bordure : 90 x 90 cm

La préparation du travail

Ce patchwork est composé de quatre carrés de 40 x 40 cm.

La coupe des gabarits

Photocopiez le module de la page 94 à 200 %, et reproduisez puis découpez soigneusement chaque gabarit sur un Rhodoïd.
Vous pouvez également imprimer les gabarits à taille réelle directement et gratuitement à partir de notre site www.letempsapprivoise.fr

Sur le gabarit du module, les lettres avec une apostrophe (A' ou B' par exemple) indiquent un même gabarit, mais à retourner lors de la coupe du tissu pour obtenir, soit un côté gauche, soit un côté droit.

La coupe du tissu

Découpez vos pièces de tissu (voir page 94) sur les tracés du gabarit en ajoutant 5, 6 ou 7 mm pour les coutures.

Pour un module

1. Dans le tissu à rayures jaunes et turquoise, découpez 4 fois (ou 8 fois) A et 4 fois D.
2. Dans le tissu à grandes fleurs et feuilles, découpez 4 fois B et 4 fois F (choisissez des motifs différents dans le tissu pour alterner les pièces B et F).
3. Pour le gabarit A : j'ai assemblé A et A' pour obtenir 4 morceaux. Il est possible de scinder en deux ces gabarits pour obtenir 8 morceaux.
4. Dans le tissu faux uni vert, découpez 8 fois C.
5. Dans le tissu jaune à fines rayures, découpez 4 fois E.

Pour réaliser le quilt entier

Multipliez par quatre le nombre de pièces à découper.

Ces très beaux tissus japonais, ainsi que les rayures très graphiques, donnent une force visuelle incomparable à cet ouvrage.

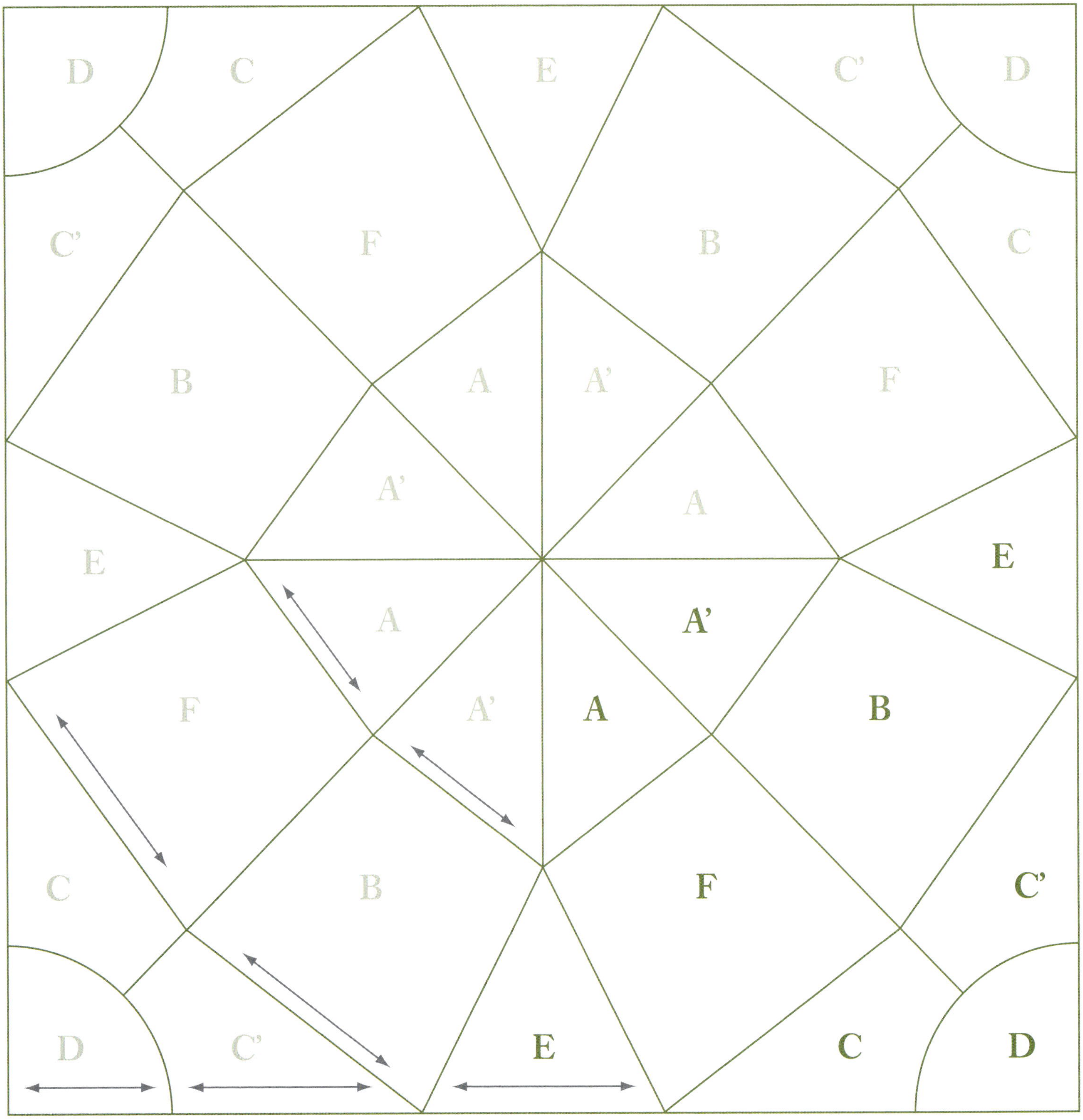

Droit-fil

Agrandir à 200 %

Les moissons du ciel

L'assemblage des blocs

1. Assemblez les pièces A aux pièces B. Assemblez-les deux par deux.
2. Ajoutez à ces morceaux les pièces C et les pièces D.
3. Avant d'assembler le tout, ajoutez E à F.
4. Assemblez par deux ces morceaux, puis par quatre.

Réalisez le même travail trois autres fois pour obtenir le patchwork en entier.

Les finitions

La bordure

Cousez la bordure de 2 cm à celle de 5 cm. Dans les quatre angles : quatre carrés de 7 x 7 cm de tissu à grandes feuilles et fleurs. Cousez à intervalles réguliers, et sur une longueur seulement, de petites bandes de tissu rayé.

Le matelassage

1. Pour la bordure : quiltez en suivant les rayures du tissu.
2. Pour le quilt :
   - Tissus A-D : suivez les lignes de couture.
   - Tissu C : quiltez un petit motif dans le tissu uni.
   - Tissus B et F : suivez le dessin des fleurs ou des branches.
   - Tissu E : petit motif à l'intérieur.

La finition

Superposez doublure, molleton et « top ». Enlevez 5 mm sur les quatre côtés de la doublure et du molleton, et rabattez par un ourlet de 5 mm sur la doublure. Cousez comme pour un ourlet.

Rosée du matin

Il ne semble pas pleuvoir

Pourtant les fleurs

Sont recouvertes de rosée

Natsume Soseki
Traduction et adaptation de Gilles Fabre

Les tissus

Pour le quilt (tissus en 120 cm de large)

- 20 cm de tissu à motifs dans les tons bordeaux (A et A', F et F')
- 30 cm de tissu faux uni vert (B et B', G et G')
- 20 cm de tissu beige (C et C')
- 30 cm de tissu à rayures tons rouge vif (D et D')
- 50 cm de tissu à fleurs (E et E')
- 50 cm de tissu à rayures et à fleurs, tons sombres (H et H')

Pour la bordure

- 4 bandes de 7 x 77 cm du même tissu à rayures et à fleurs
- 2 bandes de 2 x 77 cm du même tissu faux uni vert
- 2 bandes de 2 x 77 cm d'un autre tissu vert à motifs

Pour la doublure

- 80 x 80 cm de tissu uni dans les tons verts

Les éléments de base

- Nombre de gabarits à découper par module : 8
- Nombre de pièces de tissu à découper par module : 16
- Nombre total de pièces de tissu à découper : 64

- Dimensions du patchwork sans bordure : 60 x 60 cm
- Dimensions du patchwork avec bordure : 78 x 78 cm

La préparation du travail

Ce motif est l'assemblage de quatre modules de 30 x 30 cm.

La coupe des gabarits

Photocopiez le module de la page 100 à 150 %, et reproduisez puis découpez soigneusement chaque gabarit sur un Rhodoïd.
Vous pouvez également imprimer les gabarits à taille réelle directement et gratuitement à partir de notre site www.letempsapprivoise.fr

Sur le gabarit du module, les lettres avec une apostrophe (A' ou B' par exemple) indiquent un même gabarit, mais à retourner lors de la coupe du tissu pour obtenir, soit un côté gauche, soit un côté droit.

La coupe du tissu

Découpez vos pièces de tissu (voir page 100) sur les tracés du gabarit en ajoutant 5, 6 ou 7 mm pour les coutures.

Pour un module

1. Dans le tissu à motifs tons bordeaux, découpez 2 fois A (1 gauche et 1 droit) et 2 fois F (1 gauche et 1 droit).
2. Dans le tissu faux uni vert, découpez 2 fois B (1 gauche et 1 droit) et 2 fois G (1 gauche et 1 droit).
3. Dans le tissu beige, découpez 2 fois C.
4. Dans le tissu à rayures tons rouge vif, découpez 2 fois D (1 gauche et 1 droit).
5. Dans le tissu à fleurs, découpez 2 fois E (1 gauche et 1 droit).
6. Dans le tissu à rayures et à fleurs, découpez 2 fois H (1 gauche et 1 droit).

Pour réaliser le quilt entier

Multipliez par quatre le nombre de pièces à découper.

Pour ce modèle, des tissus avec de grands motifs de fleurs ont été utilisés pour mettre en valeur les autres coloris.

Rosée du matin

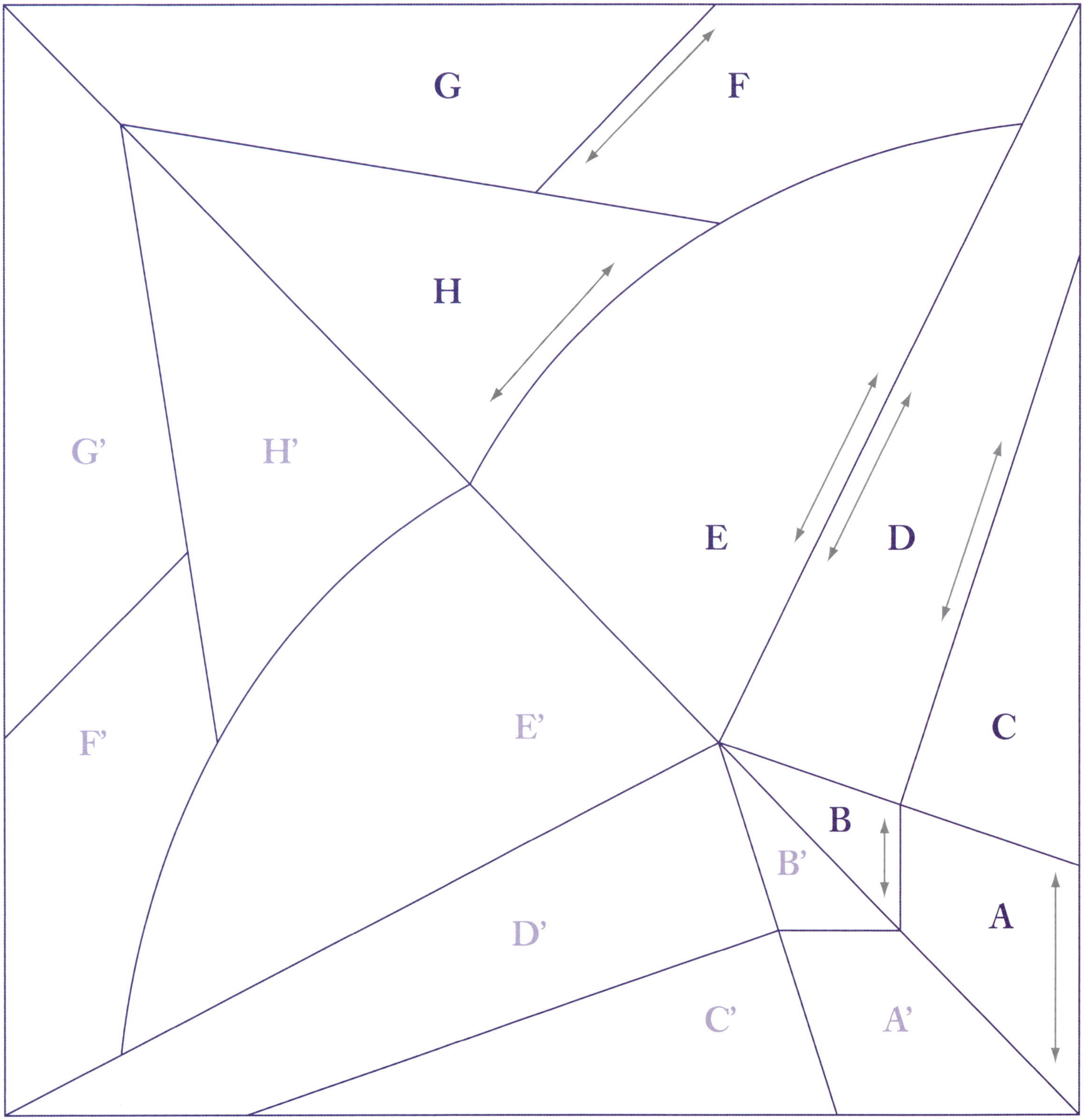

Droit-fil

Agrandir à 150 %

Rosée du matin

L'assemblage des blocs

Pour un module

1. Cousez A à B (côté gauche). Cousez ensuite C à D et ajoutez E. Réalisez le même travail pour le côté droit (A', B', C', D', E'). Assemblez les deux morceaux obtenus.
2. Assemblez F à G et ajoutez H (côté gauche). Réalisez le même travail pour le côté droit. Assemblez ces deux morceaux.
3. Cousez ce dernier travail aux pièces E.
4. Refaites ce travail trois fois pour réaliser le patchwork en entier, puis assemblez ces quatre morceaux.

Les finitions

La bordure

J'ai utilisé ici le tissu en biais. Assemblez les deux bandes entre elles et cousez-les sur le « top ». Dans les quatre angles, ajoutez un carré de 9 cm de côté, coupé dans le même tissu fleuri en choisissant un motif de fleur.

Le matelassage

1. Pour la bordure : suivez les rayures du tissu.
2. Pour le quilt : quiltez dans toutes les coutures.
   • Tissu E : suivez les contours des grandes fleurs.
   • Tissu B : quiltez à 2 mm du bord.
   • Tissus D-H-G : suivez les rayures.
   • Tissu C : quiltez les motifs de cercles au centre.
   • Tissus A-F : quiltez quelques points dans le cœur des fleurettes.

La finition

Superposez doublure, molleton et « top ». Enlevez 5 mm sur les quatre côtés de la doublure et du molleton, et rabattez par un ourlet de 5 mm sur la doublure.

Nuages sereins

Sérénité

Au fond des eaux du lac

Des crêtes de nuages

Issa
Traduction et adaptation d'Alain Kervern

Les tissus

Pour le quilt (tissus en 120 cm de large)

- 50 cm de tissu à grands motifs de fleurs, tons rouges (L)
- 50 cm de tissu à grands motifs de fleurs, tons vert et bleu (A, B, K)
- 50 cm de tissu à motifs de fleurs, fond noir (H, J, P)
- 20 cm de tissu beige à petits motifs (C, I)
- 20 cm de tissu violet (D, N)
- 10 cm de tissu à motifs gris-vert (E)
- 10 cm de tissu à motifs vert moyen (F, O)
- 30 cm de tissu à motifs verts et noirs (G, M)

Pour la bordure

- 4 bandes de 10 x 75 cm de tissu noir uni

Pour la doublure

- 80 cm de tissu noir uni

Les éléments de base

- Nombre de gabarits à découper : 16
- Nombre total de pièces de tissu à découper : 61

- Dimensions du patchwork sans bordure : 59 x 59 cm
- Dimensions du patchwork avec bordure : 75 x 75 cm

La préparation du travail

Ce motif est un composé d'un seul carré.

La coupe des gabarits

Photocopiez le module de la page 106 à 300 %, et reproduisez puis découpez soigneusement chaque gabarit sur un Rhodoïd.
Vous pouvez également imprimer les gabarits à taille réelle directement et gratuitement à partir de notre site www.letempsapprivoise.fr

Sur le gabarit du module, les lettres avec une apostrophe (A' ou B' par exemple) indiquent un même gabarit, mais à retourner lors de la coupe du tissu pour obtenir, soit un côté gauche, soit un côté droit.

La coupe du tissu

Découpez vos pièces de tissu (voir page 106) sur les tracés du gabarit en ajoutant 5, 6 ou 7 mm pour les coutures.

Pour réaliser le quilt entier

1. Dans le tissu à grands motifs de fleurs, tons rouges, découpez 4 fois L.
2. Dans le tissu à grands motifs de fleurs, tons vert et bleu, découpez 1 fois A, 4 fois K et B.
3. Dans le tissu à motifs de fleurs, fond noir, découpez 4 fois P, J et H.
4. Dans le tissu beige à petits motifs, découpez 4 fois C et 4 fois I.
5. Dans le tissu violet, découpez 4 fois D et N.
6. Dans le tissu à motifs gris-vert, découpez 4 fois E.
7. Dans le tissu à motifs vert moyen, découpez 4 fois F et O.
8. Dans le tissu à motifs verts et noirs, découpez 4 fois G et M.

Ne craignez pas d'être audacieuse ! Une association de tissus fleuris et de formes donne un motif qui semble tourbillonner !

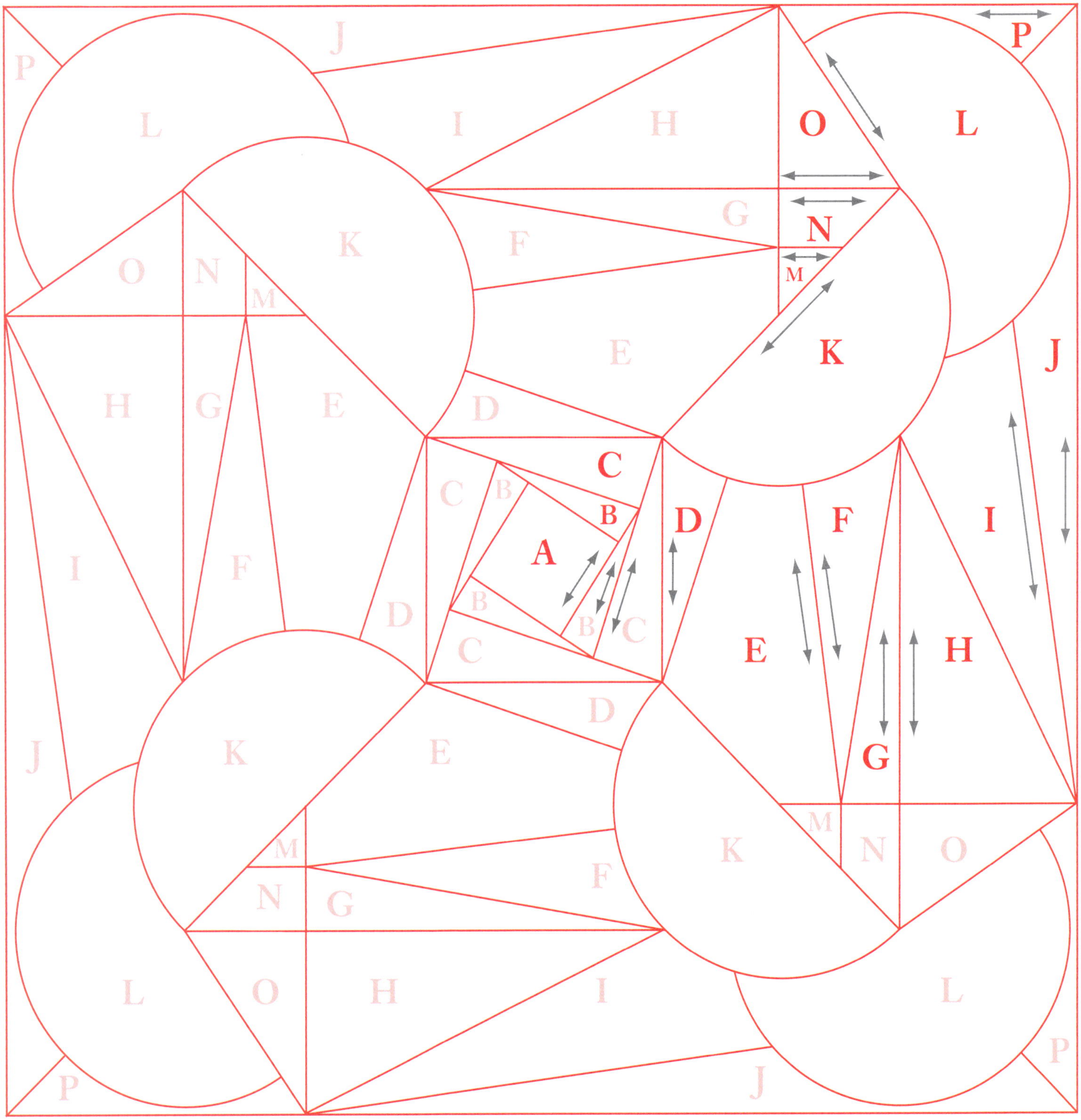

Droit-fil

Agrandir à 300 %

L'assemblage des blocs

1. Assemblez les quatre pièces B à A. Ajoutez-y les quatre pièces C.
2. Cousez D-E-F puis G-H-I et J.
3. Assemblez M-N et O.
4. Cousez K à L.
5. Assemblez K et L à D-E-F-G-H-I-J.
6. Ajoutez M-N-O à dans l'angle de K-L. Vous obtenez un quart de l'ouvrage.
7. Réalisez tout ce travail trois autres fois pour obtenir le quilt en entier.

Les finitions

La bordure

Assemblez les quatre bandes entre elles en coupant les angles en biseau.

Le matelassage

1. Pour la bordure : réalisez une suite de hauts de cercles décalés.
2. Pour le quilt :
   • Tissus A, K, L : suivez les motifs principaux du tissu.

La finition

Superposez doublure, molleton et « top ». Enlevez 5 mm sur les quatre côtés de la doublure et du molleton, et rabattez par un ourlet de 5 mm sur la doublure. Cousez comme pour un ourlet.

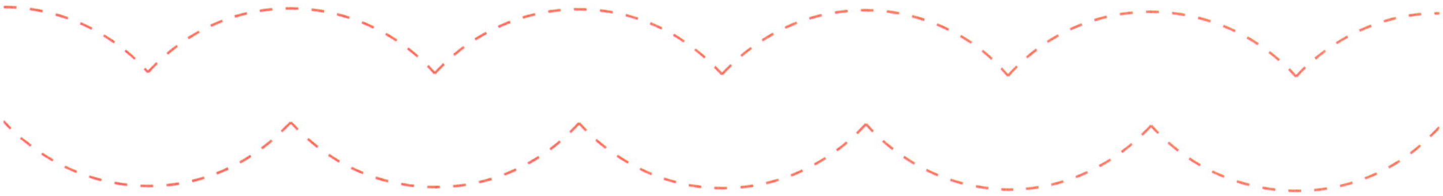

Champs fleuris

Au Levant

Le soleil se noie

Dans les terres fleuries

Takahama Kyoshi
Traduction et adaptation d'Alain Kervern

Les tissus

Pour le quilt (tissus en 120 cm de large)

- **100 cm de tissu à grandes fleurs, fond jaune (A, C, F, K, I, X)**
- **50 cm, de tissu faux uni rouge vif (H, Q, N, E)**
- **30 cm de tissu rouge à rayures (1, B, 2)**
- **30 cm de tissu foncé rayé (O, D, G, J, 3)**
- **40 cm de tissu faux uni vert clair (S, T)**
- **40 cm de tissu faux uni vert plus foncé (L et L', R1, R)**
- **30 cm de tissu à petits damiers vert pâle (V)**
- **10 cm de tissu clair à motifs gris (M)**
- **30 cm de tissu à motifs de frises (P, 4)**
- **20 cm de tissu vert clair (U, W)**

Pour la bordure

- **4 bandes de 2 x 80 cm de tissu à grandes fleurs, fond jaune**
- **4 bandes de 8 x 80 cm de tissu foncé rayé**

Pour la doublure

- **85 x 85 cm de tissu vert**

Les éléments de base

- **Nombre de gabarits à découper : 23**
- **Nombre total de pièces de tissu à découper : 183**

- **Dimensions du patchwork sans bordure : 59 x 59 cm**
- **Dimensions du patchwork avec bordure : 80 x 80 cm**

La préparation du travail

Ce motif est l'assemblage de trois bandes : deux bandes latérales de 23 cm et une bande centrale de 13,5 cm.

La coupe des gabarits

Photocopiez le module de la page 112 à 300 %, et reproduisez puis découpez soigneusement chaque gabarit sur un Rhodoïd.
Vous pouvez également imprimer les gabarits à taille réelle directement et gratuitement à partir de notre site www.letempsapprivoise.fr

Sur le gabarit du module, les lettres avec une apostrophe (A' ou B' par exemple) indiquent un même gabarit, mais à retourner lors de la coupe du tissu pour obtenir, soit un côté gauche, soit un côté droit.

La coupe du tissu (pour le patchwork entier)

Découpez vos pièces de tissu (voir page 112) sur les tracés du gabarit en ajoutant 5, 6 ou 7 mm pour les coutures.

Pour réaliser le quilt entier

1. Dans le tissu à grandes fleurs fond jaune, découpez 1 fois X, 2 fois K, 4 fois A, C, F et I (pour C, coupez dans d'autres parties du tissu).

2. Dans le tissu faux uni rouge vif, découpez 4 fois E, 4 fois H, 8 fois Q, 4 fois N.

3. Dans le tissu rouge à rayures, découpez 4 fois B, 2 fois 1, 2 fois 2.

4. Dans le tissu foncé rayé, découpez 4 fois D, O, J, G, 3.

5. Dans le tissu faux uni vert clair, découpez 4 fois S et 4 fois T.

6. Dans le tissu faux uni vert plus foncé, découpez 2 fois L, 2 fois L', 2 fois R, 4 fois R1.

7. Dans le tissu à petits damiers vert pâle, découpez 44 fois V.

8. Dans le tissu clair à motifs gris, découpez 4 fois M.

9. Dans le tissu à motifs de frises, découpez 4 fois P, 4 fois 4.

10. Dans le tissu vert clair, découpez 44 fois W et 4 fois U.

Bande 1 Bande du milieu Bande 3

Droit-fil

Agrandir à 300 %

L'assemblage des blocs

Les quatre angles de la première et de la troisième bande

1. Assemblez A, B, C et D.
   Assemblez E à F puis G-H à I-J.
2. Assemblez V à W, 11 fois.
   Vous obtenez trois rangées de quatre carrés. Ajoutez U.
3. D'un côté, joignez le S, et de l'autre T.
   Assemblez ces deux morceaux.
4. Réalisez le même travail trois autres fois.

Le milieu de la 1re et de la 3e bande

1. Cousez P à Q : 4 fois.
2. Ajoutez R et R' : 2 fois.
3. Réalisez ce travail encore 1 fois.
4. Ajoutez à ce rectangle et de chaque côté les deux autres pièces déjà préparées.
   Réalisez ce travail encore une autre fois afin d'obtenir les bandes 1 et 3.

La bande du milieu

1. Assemblez O à N puis M et K, puis encore M', N' et O'.
   Faites ce travail 2 fois. Aux rectangles obtenus, ajoutez de chaque côté L et L'.
2. Ces deux rectangles seront séparés par un carré (W) de 13,5 cm de côté, cousu entre les deux.
3. Assemblez ces trois bandes pour obtenir l'ensemble de l'ouvrage.

Les finitions

La bordure

Cousez la petite bordure sur le « top » avec les angles en biseau. Réalisez le même travail avec la grande bordure.

Le matelassage

1. Pour la bordure : quiltez en suivant les rayures du tissu (tous les 2 cm environ).
2. Pour le quilt : quiltez dans toutes les coutures.
   • Tissus A, K, C, N, I, W : quiltez dans les fleurs.
   • Tissus O, J, G, D : suivez les rayures.

La finition

Superposez doublure, molleton et « top ». Enlevez 5 mm sur les quatre côtés de la doublure et du molleton, et rabattez par un ourlet de 5 mm sur la doublure. Cousez comme pour un ourlet.

Lumières dans la forêt

La lumière des arbres

Sur les talus de février

Si fragile

Kato Shuson
Traduction et adaptation d'Alain Kervern

Les tissus

Pour le quilt (tissus en 120 cm de large)

- 50 cm de tissu à grandes fleurs rouges (Q, Z, U, D, G)
- 50 cm de tissu vert à grandes fleurs violettes (V, I, D', E)
- Des chutes de tissu uni vert (W, M, N, H)
- 30 cm de tissu violet à motifs (B, O)
- 50 cm de tissu fleuri, tons verts (C, L, T)
- 30 cm de tissu à damier noir et blanc (J, S, 1)
- 20 cm de tissu à rayures et frises (A, K)
- 30 cm de tissu faux uni orange vif (F, P, Y)
- 30 cm de tissu faux uni vert foncé (R, R')

Pour la bordure

- 4 bandes de 2 x 60 cm (+ les coutures) du même tissu à grandes fleurs, tons mauve et vert
- 4 bandes de 7 x 60 cm (+ les coutures) de tissu faux uni vert

Les éléments de base

- Nombre de gabarits à découper : 26
- Nombre total de pièces de tissu à découper : 104

- Dimensions du patchwork sans bordure : 60 x 60 cm
- Dimensions du patchwork avec bordure : 79 x 79 cm

La préparation du travail

La coupe des gabarits

Photocopiez le module de la page 118 à 150 %, et reproduisez puis découpez soigneusement chaque gabarit sur un Rhodoïd.
Vous pouvez également imprimer les gabarits à taille réelle directement et gratuitement à partir de notre site www.letempsapprivoise.fr

Sur le gabarit du module, les lettres avec une apostrophe (A' ou B' par exemple) indiquent un même gabarit, mais à retourner lors de la coupe du tissu pour obtenir, soit un côté gauche, soit un côté droit.

La coupe des tissus

Découpez vos pièces de tissu (voir page 118) sur les tracés du gabarit en ajoutant 5, 6 ou 7 mm pour les coutures.

Pour réaliser le quilt entier

1. Dans le tissu à grandes fleurs rouges, découpez 4 fois Q, 4 fois G, 2 fois D, 4 fois U, 2 fois Z.
2. Dans le tissu à grandes fleurs violettes, découpez 4 fois I, 2 fois D', 4 fois V, 4 fois E.
3. Dans le tissu uni vert, découpez 4 fois W, 8 fois M, 8 fois N, 8 fois H.
4. Dans le tissu violet à motifs, découpez 4 fois B, 4 fois O.
5. Dans le tissu fleuri, tons verts, découpez 4 fois L, 4 fois C, 4 fois T.
6. Dans le tissu à damiers noir et blanc, découpez 4 fois S, 4 fois J 4 fois 1.
7. Dans le tissu à rayures et frises, découpez 4 fois A, 4 fois K.
8. Dans le tissu faux uni orange vif, découpez 4 fois F, 4 fois P, 4 fois Y.
9. Dans le tissu faux uni vert foncé, découpez 8 fois R.

Composé de nombreux morceaux de tissu savamment ordonnés, ce quilt mélange librement fleurs et rayures, couleurs et noir et blanc.

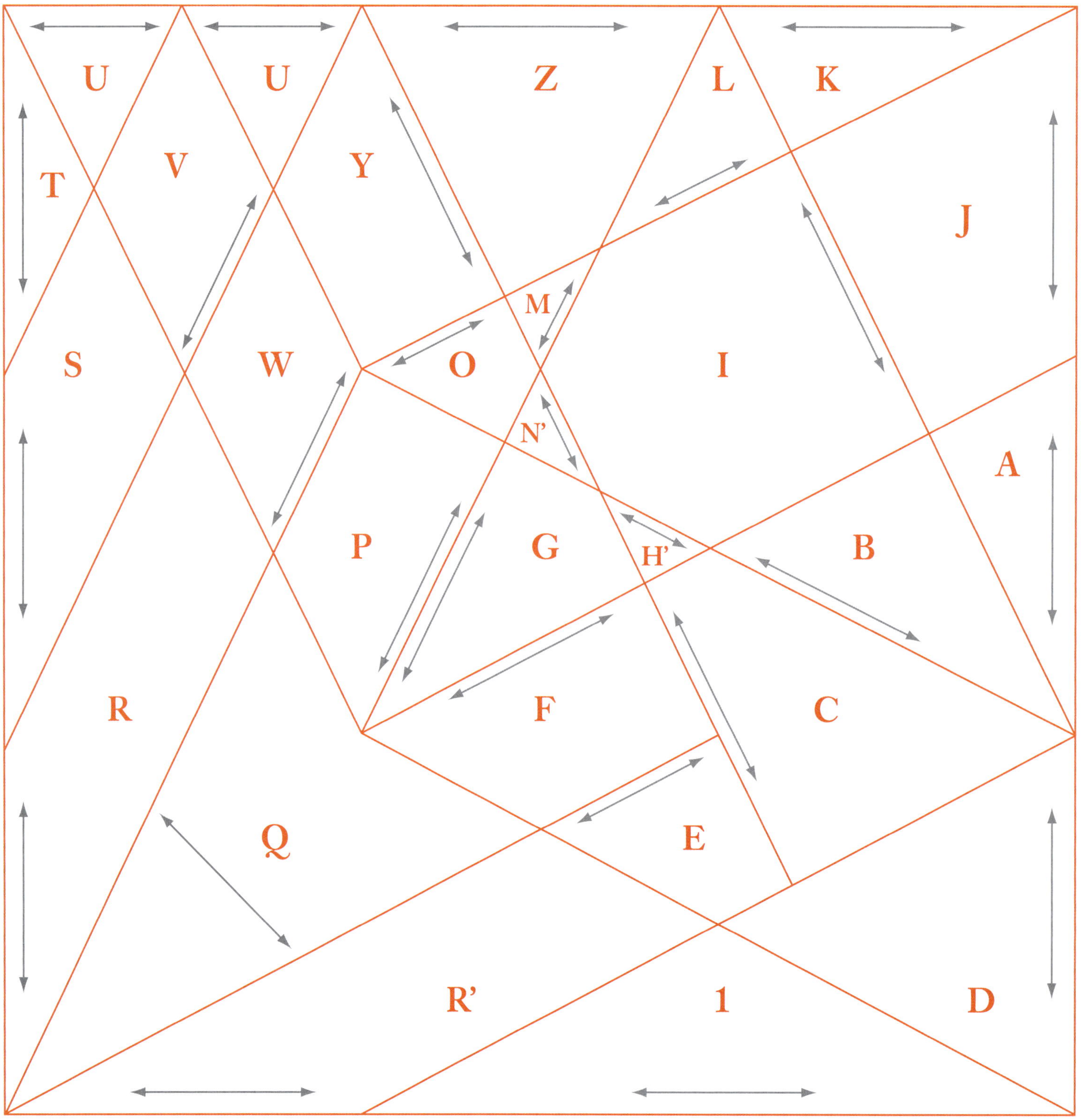

Droit-fil

Agrandir à 150 %

Lumières dans la forêt

Légende sur les pièces U et Z en 1 ou 2 morceaux.

L'assemblage des blocs

1. Assemblez les gabarits T-S-R-Q-R'-1. Réalisez le même travail pour les quatre angles.

2. Assemblez A à B puis à C. Puis assemblez E à F à C. Cousez ces deux morceaux à D.

3. Assemblez H-N-M à I. Ajoutez-y O à gauche et J à droite.

3. Cousez G à F.

4. Assemblez U à V-W-P-G-F et E.

5. Assemblez K à L puis Z-Y et U.

Les finitions

La bordure

Assemblez la petite bordure de 2 cm à la bordure de 7 cm. Cousez ces bandes sur les côtés du « top ». Terminez les angles en biais.

Le matelassage

1. Pour la bordure : il est formé de petits losanges.

2. Pour le quilt :
• Tissus Q, I, U : suivez les tracé des fleurs.
• Tissus J, K, S : suivez les rayures du tissu.
• Tissus L, N, M, O, Y, R, T : quiltez dans les coutures.

La finition

Superposez doublure, molleton et « top ». Enlevez 5 mm sur les quatre côtés de la doublure et du molleton, et rabattez à petits points couchés.

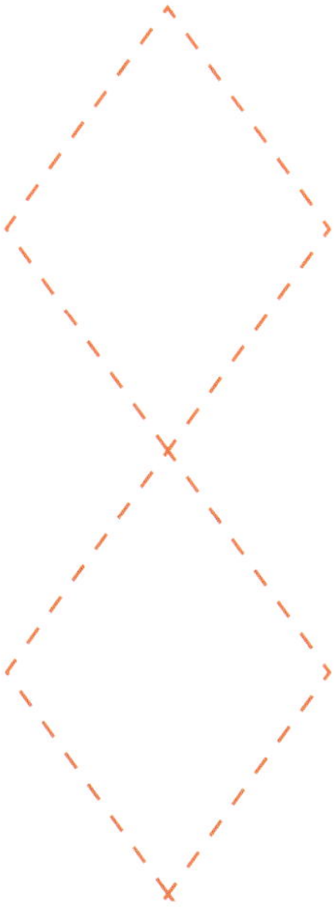

Achevé d'imprimer en août 2008 à Singapour par Tien Wah Press